捕手型人間は出世する

A "catcher" meets with success in the field of LIFE.

山倉和博

海鳥社

◆カバー・扉画＝久冨正美

ここまで野球を考えているとは

江川　卓

ヤマ――山倉とは、妙にウマが合った。ヤマが早稲田、こっちは法政と学校は違うが、六大学の同期生だ。大学時代は、よく打たれた記憶がある。俊足好打のキャッチャーだった。なにしろ、ランニングホームランを一本打たれているのだ。ジャイアンツ入りが一年遅れた僕にとって、この同期生の存在は非常に頼りになるものだった。

リードはすべてヤマにまかせておけば安心。こちらのコントロールミスで打たれても、いっさい言い訳はしない。僕が投げた試合のあとは、〝反省会〟にもつき合ってくれる。当然投手陣からの信頼は絶大で、もしヤマがいなければ、八〇年代の強かった巨人はあり得ないし、僕も一三五もの勝ち星はあげられなかっただろう。ただ、僕が引退を決意した〝あの一球〟だけは、ヤマのサインに首を振ったことをよく覚えている。

それにしても、さすがヤマだ。ここまでつきつめて野球を考えているとは。いまさらながら、キャッチャーという人種の深みを感じた。この本は、野球ファンにとって目からウロコが落ちるだけではなく、会社というチームで勝利を追求するビジネスマンにとっても、MVP級のヒントにあふれている。

捕手型人間は出世する◈目次

捕手型人間は出世する

序章

"愛"は巨人を救うのか？

勝てない巨人

わが愛するジャイアンツの低迷に、歯止めがかからない。

二〇〇五年のオフ、堀内恒夫監督に代わって、原辰徳が監督に復帰した。二〇〇二、二〇〇三年と監督を務め、二〇〇二年はリーグ優勝を果たし、西武との日本シリーズも四連勝で二年ぶりの日本一に。二〇〇三年も三位というまずまずの成績だったが、いったん監督から退いていた。しかし二〇〇四、二〇〇五年と、堀内巨人が三位、五位と不振に終わると、またも監督を託された。原は好人物だから、前回の退団のいきさつにもへそを曲げず、復帰を決意。"ジャイアンツ愛"をスローガンに、再建への手を着々と打っていった。

まず、二〇〇二―二〇〇三年当時のコーチ陣を復帰させて組閣する。さらにケガの多い清原和博、峠を越えた江藤智の両巨砲を放出して、代わりにロッテから李承燁《イスンヨプ》という長距離砲と、守備の職人・小坂誠、西武からストッパーの豊田清を、中日からは左腕の野口茂樹を獲得した。

それまでのジャイアンツといえば、一九九四年の落合博満さんから始まり広澤克実、清原、江藤、ペタジーニに小久保裕紀、ローズ……と、FAや金銭で各球団の大物四番打者を獲得しまくった。だが、サッカーでいえばストライカーだらけ、将棋でいえば飛車角ばかりでは、チームは機能しない。案の定、どの選手も期待ほど、また費やした金額ほどには活躍せずに、たとえば二〇〇五年のシーズンは、年俸総額はセ・リーグトップながら、順位は五位。優勝した阪神の年俸総額は四位だったから、コストパフォーマンスはかなり悪いといわざるをえない。おそらく、四番バッターばかり集める巨人のチームづくりには、ファンも首を傾げていたはずだ。

第二次原巨人は、違った。清原らの穴を李で補充しただけではなく、守備の職人とストッパーの獲得である。得点力強化とともにディフェンスを固め、しっかりした野球をしようという意図。さすが原監督、ジャイアンツ愛はやっぱり違うぞ……と、球界は期待を持って見守った。そして二〇〇六年のシーズン。思惑通り、序盤は好調に首位を走ったものの、交流戦を境に落とし穴があった。予期せぬ大失速。大型連敗を繰り返し、折り返しのオールスター戦を前に、優勝ははるかかなたに遠ざかってしまうのである。シーズン途中で優勝争いから脱落したジャイアンツが、たまにニュースをにぎわしたと思えば、テレビ視聴率の低迷くらいと寂しい限りだ。入場者数が実数発表となった二〇〇五年には、動員数が初めて阪神に抜かれていたが、勝てない巨人にはファンの忍耐も限界なのだろうか。

ＦＡが巨人を弱くした？

もちろん小久保や高橋由伸ら故障者の続出など、シーズン途中の失速には事情がある。ただし、主力の故障は十二球団すべてが負っているリスクで、他球団ではだれかが欠けても別のだれかが穴を埋めたり、新戦力が台頭してくるものだ。故障者を理由にするようでは、自分のチームの育成が思うようにいっていないのを認めることになる。ほかの球団と比べるのは恐縮だが、たとえばソフトバンクでは工藤公康（現巨人）、小久保、井口資仁（現ホワイトソックス）、城島健司（現マリナーズ）といった主力が、故障どころではなくトレードで続々とチームからいなくなっている。それでも、毎年優勝争いをしているのは、それだけ選手が育っているからだ。

一九六五年にドラフト会議が始まったのは、戦力の均衡が目的だった。好素材が、特定の人気球団に集中すると、チーム力の差が大きくなり、優勝争いがつまらなくなる、という考えだ。この狙いは、的中したといえる。ドラフト制度によって力のある選手が各チームに散らばり、それが浸透するまでは、ある程度の時間がかかった。しかしジャイアンツのV9最後の年（一九七三年）以降、セ・リーグでは三連覇以上したチームはないし、六チームすべてが一回は優勝しているのだ。ジャイアンツならば、僕が現役だった一九七八－一九九〇年の十三年間で、五回の優勝がある。チームが抱える課題を解決するため、戦力を発掘し、育成し、監督はその戦力から勝ちを導く戦術を考え、長いシーズンを戦う。そういう企業努力が、成績に反映していたといえるだろう。

だが、一九九三年にフリーエージェント制が導入されると、FAの資格を得た一流選手たちが、われもわれもとジャイアンツのユニフォームを着た。先に書いたように、落合さんを皮切りに、だ。となると、発掘や育成という地道な積み重ねがなくても、優秀な人材が集まるようになる。FA制度が、ジャイアンツの首を絞めた、とよくいわれるのはこのあたりである。発掘、育成という手間ヒマをかけなくても、戦力が集まってくるから、ついつい人材育成をないがしろにしてしまったのではないか。新加入の選手が、期待に反してしまったら、そこでお手上げだ。

巨人ブランドは再び輝くのか

企業では、人が財産という。その企業の歴史、風土、体質を吸収しながら育った社員が、企業を背負っていく。ときには、ヘッドハンティングも必要だろう。企業という生き物にとって、活力や刺激となり、新陳代謝を促すからだ。だが、次々と戦力を補強し、そちらを優先的に登用したらどうなるか。着々と力を蓄え、さあこれから……という生え抜きの人材が、やる気をなくしてしまうだろう。プロ野球選手といえども、人間だ。いくらがんばったって、どうせ認めてくれないんだ、といったん思ってしまったら、向上心も萎えてしまう。誤解をおそれずにいうなら、いまのジャイアンツは、そういう状態ではないだろうか。

人気チームゆえの宿命もあると思う。ファンは、巨人が強くないと満足してくれない。勝つことと選手の育成を同時に進めていかなくてはならないから、これはなかなかむずかしい。〝再生工場〟といわれた野村克也監督にしても、ヤクルトをリーグ優勝に導くまでには就任から三年かかっているのだ。だけど巨人には、それが許されにくい。巨人がこれまでリーグ優勝から遠ざかったのは、最長で三年なのだ（もっとも、前回の優勝は二〇〇二年。今年で四年間になってしまいそうだ）。結果には目をつぶり、若手を試合に使いながら育てる、という悠長なことはやりにくいのである。

僕がプロ入り二年目の一九七九年、長嶋茂雄監督のもと、ジャイアンツは五位に沈んだ。その年の秋、若手を中心に行われたのが、伝説的な「伊東キャンプ」である。長嶋監督が去った一九八一年、そのときのメンバーがチームの中心となり、藤田元司監督が率いたジャイアンツは優勝を飾る。昔はよかったというつもりはないが、この年に大型の戦力補強などなにもない。伊東キャンプで鍛えられた生え抜きのメンバーが、日ごとに力をつけ、結束して成し遂げたVだった。

そういう〝企業努力〟抜きに、足りない戦力をよそから補充するという発想では、優勝はますます遠くなっていく。ジャイアンツ愛もいいだろう。属するグループに愛着を持たない集団が、成功するわけはないからだ。だがそれは、すべての球団にいえる前提条件だ。そこに、どれだけ企業努力をしたかが加わってこそ、競争を勝ち抜けるのではないか。残念ながら、〝愛〟だけでは巨人は救えないと僕は思う。

いまや、東京ドームのチケットがプラチナペーパーと呼ばれ、巨人戦なら黙っていても視聴率二ケタを記録できた時代ではなくなった。だけど、野球人気全体が低迷しているわけじゃない。阪神やソフトバンクを見ればわかるように、地域に密着して育ってきたチームは、観客動員も視聴率も好調なのだ。巨人ブランドが輝きを取り戻すには、魅力ある選手を自前で育て、企業努力によって強くなっていくしかないだろう。強い巨人の、一日も早い復活を願う。

第1章 キャッチャーは、頑丈である

フィールドの司令官

僕は、読売巨人軍で一九七八年から一九九〇年まで、実働十三年間キャッチャーをやっていた。その間にはリーグ優勝五回、日本一が二回。ことに一九八一年から一九九〇年の十年間は、リーグ優勝五回と、近年では巨人が強かった時代といっていい。ピッチャーなら江川卓に西本聖、野手は篠塚和典に原、後半は槙原寛己、桑田真澄ら、そうそうたるメンバーがいたのだ。僕自身はＭＶＰもとったし、ベストナインとゴールデングラブが各三回あるから、まあ、まんざらでもない野球人生だったと自負している。

いま、日本のプロ野球を見渡すと、捕手出身の監督が多いことに気がつく。楽天の野村さん、ヤクルトでは兼任で話題の古田敦也監督、西武には伊東勤監督がいる。広島、ロッテ、日本ハムの外国人監督を除けば、九チーム中三人が捕手出身だ。近年では大矢明彦さん、梨田昌孝さん、達川光男さんら、さかのぼっても根本陸夫さん、上田利治さん、森祇晶さん……と、名監督の名前があがってくる。となると、捕手出身者は監督に向いている、といってもそれほど抗議の声は出ないだろう。

キャッチャーは一人だけ、ホームベースから別の視界で球場を見渡すポジションだ。そしてイニング、得点、状況、データ、ピッチャーの調子から相手ベンチの微妙な空気まで、あらゆる要素を頭に入れ、投手をリードして守備を統率する。つまりキャッチャーは、ベンチにいる監督とは別の、フィールドの司令官だ。それにはベンチはもちろん、投手、野手からの信頼が必要だ。ときには瞬時の決断も求められるが、勝負事の常で、それが吉と出るか凶と出るかはわからない。それを新たな情報としてインプットし、さらに次の策を練る……そういう経験が、試合を組み立てる資質を養うから、それがそのまま監督としての力量につながりやすいのだろう。

ビジネスの世界でも、似たようなものじゃないか。野球における勝利の追求は、企業における利潤の追求だろう。新入社員のときは先輩の見よう見まね、失敗しながらすべてのことを吸収し、自分なりに研究し、成功する方法を模索して苦労する。失敗と成功、経験を積むにつれてリーダーシップを発揮するようになる。グループ個々の力と性格、適材適所を把握し、信用し、思いやる。相手の情報を精一杯収集しながら臨機応変に対応し、現場での判断が優先されるときは、責任を持って決断する。ときには別の視野からものごとをながめ、相手の意表をつくアイデアでビジネスを成功に導いていく……。

僕は一般企業に勤めた経験は、もちろんない。だけど、捕手として必要な資質は、ビジネスの世界で手腕を発揮するためにも必要なのではないか――考えれば考えるほど、そう思えてくる。そこで、本を書くにあたってひらめいたのが「捕手型人間は出世する」というタイトルだ。自分は、プロ野球で捕手としての経験がある。それを話すことで、野球ファンだけではなく、ビジネスマンにもなにかのヒントになるんじゃないか。

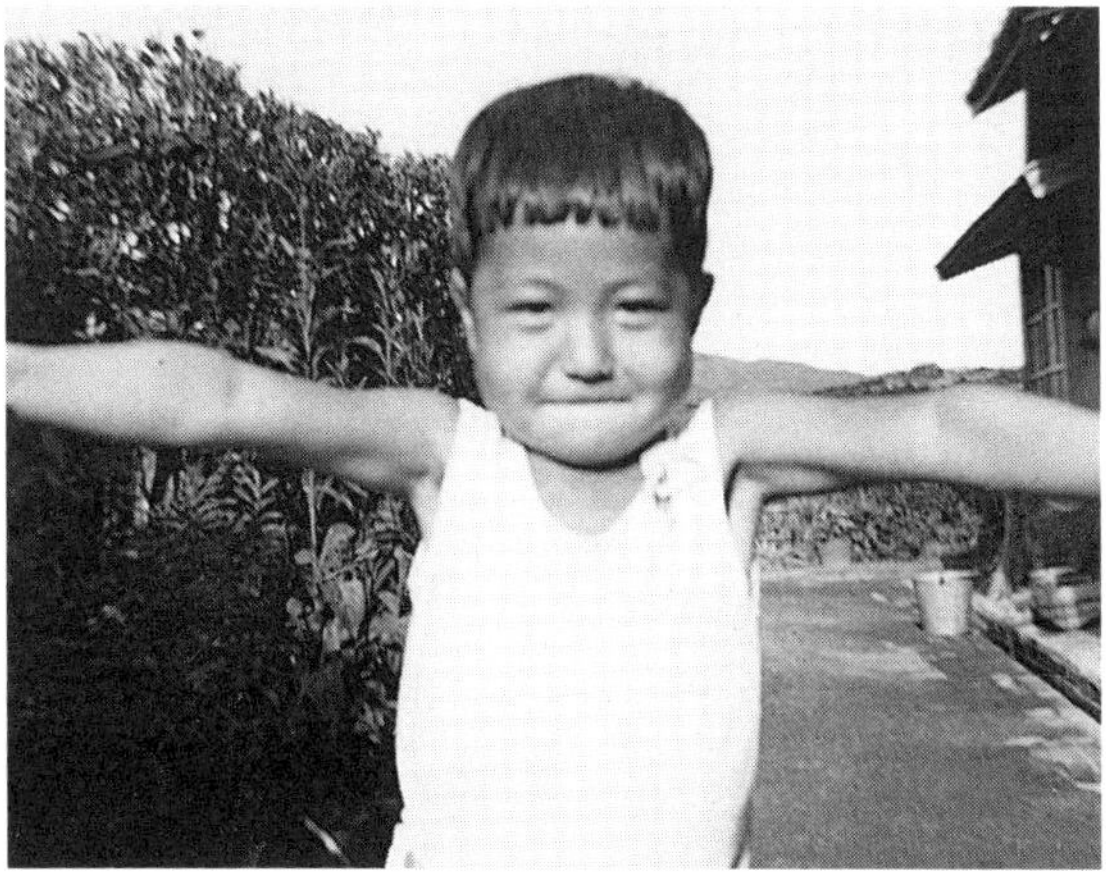
5歳のころ。中学校で野球部に入るまで，水泳，サッカー，剣道など様々なスポーツに挑戦した

キャッチャーになんか、なりたくなかった

まずは、キャッチャー山倉が誕生するまでのいきさつをちょっと書いておこう。そもそも野球を始めたのは、中学時代だった。小学

校までは、遊び半分でソフトボールをやっていた。ほかにも水泳、サッカー、剣道……お袋が習い事感覚で〝やりなさい〟というのだ。だけど断然おもしろかったのは、放課後や日曜日にやるソフトボールだった。なにしろ、打てるのだから。子どもにとって、ボールを飛ばす快感ほどたまらないものはない。それだけで、ヒーローだ。だけど、それこそ三角ベースの延長で、リトルリーグなどの組織もまだ整っていない時代。ちゃんとしたチームに入るのは、中学の野球部が最初である。

中学では、部員が少なかったからいろいろなポジションを守った。二年生からは、レギュラーでサード。僕は一九五五年の生まれだから、中学二年といえば一九六七―一九六八年。そのころ、日本全国のそこそこ上手な野球少年は、長嶋茂雄さんにあこがれてサード、と相場が決まっていたのだ。キャッチャーというのは、いまでこそ古田や城島健司（現マリナーズ）の存在もあって見直されているが、当時はもっとも地味なポジション。やや太り気味で鈍足の、ちょっととろい子どもがやるものと、これも相場が決まっていた。

ここで白状しておくが、僕にしてもなりたくてキャッチャーになったわけじゃないのである。肩がよく、バッティングもよかったため、愛知県の強豪・東邦高校が誘ってくれた。高校では一年生からレギュラーで、甲子園にも出場させてもらっているが、そのときは外野手。二年生になるとショートを守った。ところが、最上級生として新チームになると、

東邦高校入学後，外野やショートを守っていたが，
2年生のときに監督の意向でキャッチャーに転向

当時の阪口慶三監督からキャッチャー転向を言い渡された。阪口さんといえば、甲子園で通算二十五勝している高校野球の名監督だ。自身がピッチャー出身のためか、キャッチャーがチームのリーダーという考えである。新チームで僕はキャプテンだったから、チームリーダーでもある。肩も強いし、監督の考えでは当然、キャッチャー＝山倉となるわけだ。

ただ、キャッチャーだけはやりたくないというのが正直なところだった。ワンバウンドの投球が急所を直撃したり、ファウルチップが体に当たったり、痛さにのたうち回るキャッチャーの姿を何度も見ているし、チームの怒られ役として、ことあるごとにキャッチャーがどやしつけられる場面に出くわしている。だが、そこはそれ、当時でもいまでも、高校野球の監督の命令は絶対である。生意気盛りの高校生といっても、逆らう術はない。半ばあきらめてマスクをかぶったのが、キャッチャー山倉の誕生だった。

初めてマスク、プロテクターやレガースなど、キャッチャーだけがつける防具を装着したが、そのうっとうしさったらない。まずは慣れるために、フル装備のままとにかく走るだけの練習をする。みんながノックを受けているのを横目に、止まっちゃいけない。最初のうちは走っていても、とにかく重いから、後半は足を引きずるように歩くだけになる。これを四、五日こなして、どうにか防具に慣れると、実際のバッティング練習でキャッチャーをやる。当初は、恐怖感を克服するのに苦労した。なにしろ、打者の至近距離にいるのである。バットが頭に当たるんじゃないかという錯覚を覚えたし、マスクをかぶって視野が限定されるから、野手時代とはスピード感が違った。

それでも結局その翌一九七三年、キャッチャーとして春のセンバツ高校野球と、夏の甲子園に出場できたのだから、阪口監督には感謝している。そして自慢じゃないが、キャッチャーに転向してわずか一年、その年のドラフト会議では、南海ホークスに二位指名された。野村監督（当時）が直々に家まできて、「オレの後継者になってくれ」とまで誘ってくれたのだから、なかなかのものだろう。そのときはまだ力不足を自覚していたから、結局早稲田大に進むのだが、自分をそこまで評価していただいたことは、大きな自信になった。俊足好打のキャッチャーなどと、身にあまる評価で早稲田大から読売ジャイアンツにドラフト一位指名されるのは、一九七七年のことだった。

キャッチャーはつらいよ

一九七八年から一九九〇年、実働十三年の選手生活で、一九八七年にはＭＶＰという栄誉も味わったが、心残りがあるとすれば、一シーズンくらい全試合出場してみたかった、ということだ。全試合出場というのは、別に表彰されるわけでも、賞金がもらえるわけでもなんでもないが、プロ野球選手がこだわる勲章の一つだといえる。数字として残ることはもちろん、そのチームやファンの方にとって、自分がどれだけ必要とされているかのバロメーターになるからだ。だけど僕は五シーズン目、一三〇試合制だった一九八二年の一二九試合出場が最高で、ほかにも二試合、三試合欠場の年はあるが、全試合出場はかなわないままだった。

理由は簡単。キャッチャーというのは、それだけケガの多いポジションなのだ。一試合あたり、百球を軽く超すボールを受け、よけようのない距離からファウルチップ直撃の危険にさらされ、体当たりしてでもホームを狙うランナーをブロックする。いずれも、ちょっと気を抜いたら大ケガにつながりかねない危険がいっぱいで、だからこそ九人のうち一人だけプロテクター、マスク、レガースで武装するのだ。それでも、打撲や生傷は日常茶飯事。打球を受けての内股の青あざは、現役を退くまでずっと消えたことはなかった。

一五〇キロを超すスピードボールをキャッチする左手も、親指は慢性的な突き指状態だ。抜けたような感じで、バットを握るときも苦労したものだ。また僕の場合、いつもマスクをかぶっていた現役時代、視力がかなり低下した。プロ入りしたときは一・五あったのが、辞めるときは〇・六まで。マスク越しにピッチャーに集中していると、だいぶ目の疲れを感じる。ナイトゲームとなると、あちこちから光がくるからなおさらで、試合が終わってからマスクを外すと、焦点が合わずにぼやけて見えるほどだ。それが、引退してマスクを

ホームに突っ込んでくるランナーをブロック。キャッチャーはケガが絶えないポジション（写真は早稲田大学時代）

かぶらなくなると、すぐに一・二まで回復したのである。専門家の方が聞いたら首を傾げるだろうし、因果関係が証明されているわけじゃないが、ウソのようなホントの話だ。

そして、極めつけ。打球を急所に受けたときのあの痛みは、筆舌に尽くしがたい。男性諸氏なら想像がつくだろう。とくに、いったんグラウンドで跳ねて下からくるファウルとなると、脂汗が出る。で、野球選手は、それを少しでも和らげるため、バイクというカバーで急所を覆っている。真っ青になったのはプロ入り後のこと。ある試合で、打球の直撃を受けたバイクが、バラバラに割れてしまったのだ。以来恐ろしくなって、アメリカ製のバイクを手に入れ、ずっとそれを使っていた。もっとも、バイクの効果も気休め程度である。打球が股間を直撃したときには、もんどりうち、呼吸もできず、激痛と鈍痛の嵐をなんとかやり過ごすしかない。トレーナーが気の毒そうに、それでいて苦笑しながら腰のあたりをトントンとたたいてくれても、スタンドの同情の視線も上の空だ。ただ、ドカベンこと元ダイエーの香川伸行選手に限っては、バイクは必要なかったそうだ。あの巨大な腹が自前のバイク役をして、急所をしっかりガードしてくれたらしい。

アメリカ製のバイクもそうだが、ケガを防ぐために用具には工夫した。打球がマスクに当たったときの衝撃を和らげるためにヘルメットをかぶったのも、のど元を保護するためにマスクにベロをつけたのも、日本では自分が草分けではないか。ヘルメットは、シンシナティ・レッズのジョニー・ベンチがしていたものを見てまねた。ファウルが直撃すると、マスクをしていても軽い脳しんとうを起こすくらいの衝撃があるのだ。ベロについては、江川が投げていたときのこと。バッターのファウルチップがのどを直撃した。しばらく息ができず、グラウンドに大の字に伸びていたほどの痛み。これはたまらん、とメーカーに頼んで、ベロをつけてもらったのである。あれがあるだけで、だいぶ違う。

ただ、それほど気を配ってもケガは避けられない。一番多いのは、むき出しの生身である右手だった。もちろん、ケガを避けるため、右手を体の後ろに回して隠すのが捕球体勢の基本である。それはテレビで見ているファンでも知っているだろう。ただ、たとえばランナーが盗塁を企てたときなどはそうもいかない。コンマ何秒でも早く送球体勢に入るためには、右手はミットのそばに持っていかざるを得ない。だが、相手の作戦が盗塁ではなく、実はヒットエンドランだったとしようか。ランナーが走り、打者はできればゴロを転がして、あわよくば二つ先の塁まで狙う作戦だ。こちらはアッ、盗塁だ！と始動しても、当然、打者はバットを振ってくる。それがたまたまファウルとなる。間が悪ければ、無防備な右手を直撃する。結果として、骨折……。これが、捕手がケガするときの典型的なパターンだ。

僕も、入団一年目にファウルチップで人差し指を骨折した。これを手始めに現役時代、親指を除いてすべての右手指を五回、手の甲を一回骨折している。二回骨折した中指は、いまでも曲がったまま戻らない。握力も、左の七〇に対して右は半分以下だ。まあゴルフをやるには、左手が強く、右のグリップが安定してちょうどいいが……。冗談はともかく、プロ野球を代表するキャッチャーといえば、古田と城島の二人だが、この二人にしても、右手指の骨折歴がある。一見、一流選手なのになぜそんな不注意を? と思われるかもしれないが、僕からすれば視野が広く、洞察が鋭く、動作が機敏な一流捕手ほど、骨折の危険と隣り合わせなのだ。

……というわけで、ジャイアンツに入り、三年目からほぼすべての試合でマスクをかぶったが、なかなか一三〇試合出場というわけにはいかなかった。一二九試合に出場した一九八二年はそのチャンスだったが、ファウルをヒザに受けた次の試合だけは、しゃがむことすらできなくてやむなく欠場。運よくケガなく終盤まで臨んだ一九八七年にしても、日本シリーズの対戦相手・西武の公式戦偵察のため、二試合に休んでいる。そんなわけで、僕の現役時代は全試合出場とは無縁だったのである。

まことに、キャッチャーはつらいのである。それが証拠に、生まれ変わっても野球をやりたいという野球選手は多いが、ただしキャッチャーだけはやりたくない……と続くのがほとんどなのだ。

第2章 キャッチャーは、タフである

野球でも〝保険〟をかける

これはキャッチャーに限らないのだが、ゲーム中の野手の仕事としてバックアップがある。

野手の送球がそれた場合に備え、あらかじめ送球先の後方に備えておく。飛んだ打球を追ったり、中継に入ったり、ベースについたりなど、その後の連係に関わらない野手がバックアップするのが基本だ。たとえば、走者が二塁にいて外野にヒットが飛んだら、ホームへの返球がそれた場合に備えて、ピッチャーがホームの後方をカバーする。かりに送球がそれても、ホームインはともかくほかの走者を先の塁に進ませないためで、この場合ピッチャーは、キャッチャーの近くにいたらバックアップの意味があまりない。キャッチャー周辺のタマならキャッチャーが処理できるからで、一〇－一五メートル程度離れて万が一に備えるのだ。

オフィスでは、パソコン全盛の時代だ。みなさんも、大切なデータなどは、パソコンのトラブルなど万が一に備えてバックアップをとっておくでしょう。CDに焼いたり、メモリースティックに保存したり。あれと同じである。気の遠くなるような手間とヒマをかけて蓄積したデータが、もし一瞬で消え去ってしまったら……という〝万が一〟がなければそれに越したことはない。パソコン上のデータがあるから、バックアップをしなくても同じなのだが、いざという場合に備えるのである。そのためには、ムダを承知でデータを随時上書きしていくだろう。保険をかけるようなものだ。

さてみなさん、野球の塁間の距離をご存じだろうか。答えは、二七メートル四三・一センチ。不動産の広告では、駅から徒歩〇分というとき、人間は一分で八〇メートル歩くとされるが、それでいくと歩いたら二十秒くらいかかることになる。二五メートルプールよりも長く、意外と距離があるようだが、まあ草野球のレベルでも、キャッチボールにほどよい間隔だろう。この本塁から一塁までの距離を、俊足の選手なら、四秒くらいで走る。つまり内野にゴロが飛び、野手が捕って、送球が一塁に達するまで四秒以内なら、ほぼアウトということだ。

野球というのはコンマ一秒を争うスポーツ、というのはそこだ。別に陸上競技じゃないのだから、コンマ一秒くらい大したことないだろう……と思っているあなたは、考えが甘い。たとえば一〇〇メートルを十二秒で走る選手がいたとしたら、コンマ一秒で約八〇センチ進むのである。クロスプレーでは、八〇センチどころか一〇センチの差が大きい。ほんのまばたきするくらいの時間ボールが手につかなかったり、中継がロスしたりするその一〇センチの差だけで、たちどころに一点だ。もしそれが、ペナントを左右する点になってしまったら、百分の一秒以下で長いシーズンの行方が決まるわけで、そういうことのないよう、プロ選手といえども日々練習するのである。

疲労がつのる西本の投球日

話はちょっとそれたが、そこで考えてみてほしい。打球が飛んだとき、バックアップに走るのはキャッチャーがもっとも多い。打者が内野ゴロを打つたびに（まあ、三塁走者がいるときなど、ホームベースを離れられない場合は別だが）、内野手の悪送球に備えて一塁手をバックアップするのだから。ほかにも状況によっては、三塁ベースのカバーリングに走ることもある。もちろんプロ野球のレベルだと、野手の送球がそれることなどは、シーズンに数えるほどしかない。だけどその万に一つのケースでバックアップを怠ったばっかりにランナーが先の塁に進み、結果として優勝を左右する致命的な一点を失うかもしれない。ゆえに、ピッチャーが打者を内野ゴロに打ち取るたびに、キャッチャーは律儀にバックアップに走ることになるわけだ。

ほとんど徒労に終わると知りつつ、しかもそれるボールに備えてファウルグラウンドを大きく回り込むのだから、距離にしたら確実に三〇メートルは走ることになる。そのうえ、送球のタイミングから遅れては意味がないから、全力疾走だ。言葉でいうのは簡単だが、これはけっこうこたえる。たとえば、一試合で内野ゴロが十個あったとしよう。三〇メートル×十回で、三〇〇メートルの全力疾走をしていることになる。三〇〇メートル程度、大したことはないじゃないか……と思われるかもしれない。確かに体が資本のプロ野球選手、体力的にはつごう三〇〇メートルの全力疾走くらい、どうってことない。ところが、一試合ならどうってことないこの疲労が、シーズンが進むにつれてじわじわと積み重なっていく。三連戦、一週間、一カ月、前半戦、そして百試合では三〇キロを全力疾走する計算だ。

現役時代、西本が登板したときなどは、本当に疲労がつのったものだ。西本はシュートが武器のピッチャーだから、調子がいいときほど内野ゴロが増える。右バッターは食い込まれて詰まり、左バッターは沈むボールの上をたたき、必然的にゴロが多くなるのだ。それが西本の生命線だった。キャッチャーは、バックアップに走るのを覚悟のうえで、決めダマのシュートを要求するだろう。するとそのたびに、キャッチャーである僕は、ほとんどムダとはいえ、一塁へのバックアップに全力疾走することになる。もっとも、中畑清さんがサードを守っていたころはわりあい悪送球が多く、この万が一の〝保険〟で事なきを得たこともあるが……。

多いときには、一試合で十五本以上の内野ゴロがあっただろう。それで西本が好投し、チームが勝てば地道な苦労も報われるが、チームが負けたときなど、疲労感は倍加する。苦心してリードし、あれだけ消耗しても負けてしまったか……。逆に江川が投げるときなどは、なにしろストレートの威力があるから、三振やポップフライが多い。内野ゴロが少なく、バックアップで一塁まで全力疾走することもないし、また球数が少なく試合時間が短かった。体力的には楽だったわけだ。もっとも江川が投げた日は、それとは別のやっかいさがあるのだが、それはまた別に書こう。

体力的にしんどいこのバックアップだが、キャッチャーの仕事のほんの一部というよりも、むしろ本業のアフターサービスみたいなものかもしれない。本業とはもちろん、扇の要にたとえられる守りであり、バッターを打ち取るためのリードである。そのために、ときにはワンバウンドになるピッチャーの投球を体を挺して止め、体には青あざが絶えない。一球ごとにしゃがみ、立ち、返球する。トレーニングでスクワットをしているようなものだ。ピッチングを組み立て、グラウンドの隅々にまで目を配り、相手の動きに集中し、心理戦で神経をすり減らし、ランナーを警戒して盗塁を防ぐ。打席に立ったら立ったで、自分の役割をきっちりと果たすことが要求される。しかも、ピッチャーが抑えたらほめられるのはピッチャー、打たれたら責められるのはキャッチャーのリードだ。

一試合一試合がそういう積み重ね。開幕当初はまだいいが、とくに夏場には、春先からの疲労の蓄積がドンと出てくる。じっとしていてさえ体力を消耗する高温多湿の季節に、防具をつけて毎日三時間も試合をしているのだから、疲れないほうがおかしい。背中から腰までがパンパンに張って、まるで鉄板のようになる。とくにジャイアンツの本拠地であるかつての後楽園球場（のち東京ドーム）は、人工芝の球場だ。下が硬い。たとえていえば、天然芝の球場がゴルフ場のフェアウェイだとしたら、人工芝はカート道。ゴルフでワンラウンドするくらいなら屁でもないが、半年間ずっと野球をやるのである。シーズンが進むにつれ、この足元の硬さはこたえる。イチローがメジャーにいったのは、天然芝の球場でやりたいという気持ちも一部あったというが、それはよくわかる。

シーズンが進み、疲労が蓄積した状態で、一番影響が出るのが体のキレである。キレというのは不思議な言葉だが、キレがなくなると、自分のイメージと体の動きが微妙に狂ってくる、といえばいいか。誤差が出てくるわけで、いい状態なら完全なヒットゾーンのタマが、キレが悪くなると野手の正面をついてしまう。きた！　と思っても、いいときのイメージとは動きが違っているから、打ち損じてしまうのだ。

心外だった〝意外性の男〟

もう一つ、夏場でつらかったことを白状しよう。面の皮が厚そうに見えても、実は僕は、顔のハダが弱い。いっちゃナンだが、デリケートだったのである。ただでさえ、マスクと密着する部分のハダがかぶれやすい体質だ。そこへもってきて、夏場は大量の汗をかくし、マスクにはグラウンドの土や石灰、汚れが付着している。ユニフォームでこすった程度では目に見えない汚れは落ちやしないから、かぶれはますますひどくなる。かゆくてしょうがなく、集中どころじゃない状態で試合に出たことも何度かあった。花粉症のような状態だ。

さらに、われわれが入団した一九八〇年前後は、プロ野球といえども若手が用具を運ぶ、という上下関係があった。レギュラーといってもこの関係は歴然としている。たとえば新幹線の移動でもベテランはグリーン車、若手はあのせまい普通車である。しかも若手は、先輩の用具一式を持ち運ぶ。ことにキャッチャーは、防具など荷物が多いから、あれはけっこうきつかった。たとえば後楽園でナイトゲームのあと、翌日広島戦となったら悲惨だ。

試合のあとシャワーもそこそこに、名古屋まで夜行列車で移動。すでに新幹線は動いていないから、在来線だ。しかも〝巨人軍は紳士〟だから、スーツ着用で、である。そして翌朝、名古屋から新幹線で広島に入り、午後から練習してそのまま試合……。

僕の四年目、原が入ってきてからは、一軍の移動は全員がグリーン車になり、荷物も別の便で送るようになって移動のつらさは大きく改善される。まあ、たとえば川上哲治さんら大先輩の時代は新幹線などなく、はるかに大変だっただろうが、われわれだってけっこうつらかったのである。メジャーリーグでは、マイナーとメジャーで天と地ほども待遇が違う。食べるものに困ることはない現代社会で、金銭的なハングリーさは以前ほどなくなってきているだろうが、環境に対してハングリーにさせ、それを向上へのモチベーションにしているのだともいえる。

ビジネスの世界でも、体調が万全じゃないことはあるだろう。二日酔いで頭が冴えないのは自業自得だが、仕事に追われて疲労がたまり、どこか本調子じゃないときにはいいアイデアも出ないはずだ。うっかりミスもあるかもしれない。疲労がたまっているときは、だらだらと残業しても効率は上がらないと思う。週末にしっかりと休みをとり、ストレスを発散してリフレッシュしたほうが、よっぽど進展がありそうな気がする。われわれだって、イヤな負け方をしたときはパーッとゲン直しするものだ。

とはいえ、多少調子が悪くても試合に出たいというのが、プロ選手の本能だ。ケガと戦い、体のキレが落ち、かゆみに悩まされながらも、人に負けたくないし、代わって出る人間にポジションをとられたくないから、少々の無理をおして平気で試合に出る。だが、体調が悪いときにヒットを打てるほど、プロの世界は甘くはない。僕は現役時代、忘れたころや期待されない場面でよく殊勲のヒットを打つので、〝意外性男〟などと呼ばれた。だが本人にしてみれば冗談じゃない、カンベンして……という感じだった。それまで、ケガや疲労を人には見せず、じっとこらえて、やっと体調が上向きになってきた。だからヒットが打てたのだ。ところが、そういう過程にはだれも目を向けず、いざヒーローになると〝意外性男〟という決まり文句ではやし立てる。ちょっと突っ込んでくれれば、体調がよくなったからヒットにつながっただけで、意外でもなんでもないことがわかるのに……。

現役時代を振り返って〝ああすればよかったな〟と反省することが、対マスコミの姿勢である。そもそもは入団した年のキャンプ、堀内さんと同室だったのが発端だ。当時ルーキーのキャッチャーは、先輩投手と同じ部屋にされたものだ。四六時中いっしょにいるから、配球から各投手のクセまで、イヤでも覚えるだろう……というありがたい配慮だ。そこで堀内さんから教わったのが、「巨人の選手はいつも注目されているから、マスコミには余計なことはいうなよ」ということだった。

これが頭の隅にいつまでもこびりついている。だから新聞記者に話を聞かれるときでも必要以上に神経質になり、「はい」とか「いいえ」とか、最低限で答えるクセがついてしまった。聞くほうからしてみれば、無愛想だっただろう。早い話が、マスコミ受けしないのだ。記者といっても人間だから、よく話してくれる選手の肩を多少は持つものだ。もし自分と気が合うピッチャーが打たれでもしたら、「山倉のリードが疑問」とか書かれることもある。となるとこっちもカチンとくる。日常からそう思っている相手だから、僕がMVPをとったときだけすり寄ってきても、木で鼻をくくったような応対になる。反省は、その点だ。

でも現役時代は、なかなかマスコミ対策まで気が回らないんだよなあ。いまにして思えば、堀内さんなどは高卒ルーキーの時代からビッグマウスで、大胆な発言がおもしろおかしく報じられたほうだ。だから必要以上に「マスコミに気をつけろ」といったのだろう。だが、僕などはいたってマジメである。堀内さんの「余計なことをいわない」のが、僕にとっては「ふつうに話す」のと同じレベルだったんじゃないかと思う。ふだんから、気を許すとはいかないまでもマスコミと親密にし、理解を得ておけば、〝意外性男〟などという呼ばれ方もしなかったかもしれない。

第3章

キャッチャーは、土台をしっかりつくる

二年目のジンクスのわけ

プロ野球では、秋と春にキャンプを張る。秋季キャンプというのは、シーズンが終わったあと、若手中心に行うもので、おもにシーズン中に見つけた弱点や課題を克服するための練習だ。春のキャンプは、シーズン前に個人的なレベルアップを図り、さらにチームプレーの完成度を増していくもの。若手ならば最初から飛ばして自分の存在をアピールし、ベテランは徐々にペースを上げてオープン戦から開幕でピークに持っていくが、自らでコンディションを整えていくことに変わりはない。秋のキャンプがシーズンの復習だとしたら、春のキャンプはシーズン前の予習、といえるだろう。秋のキャンプのあとはオフに入るが、春のキャンプは本番に直結するものなので、ここでのデキが、シーズンの成績を左右する。

だが、本格的なキャンプに入る前に、個人的にやっておくべきことがある。自主トレーニング、いわゆる自主トレだ。プロ野球選手の契約は、二月から十一月までということになっている。オフの間選手は、まずはゆっくりしてシーズンの疲れをとる。故障があるものは治療し、シーズン中にはできないゴルフを楽しむ。さらにマスコミの取材や番組収録、ある者はCM撮影をこなしていく。そうしている間は、本格的に体を動かすこともないから、体は当然なまる。そのなまった体を、野球ができる体につくり直し、落ちた筋肉をつけ直すのが自主トレだ。

もちろん、あくまでも〝自主〟トレだから、やらなくてもいいのである。オフの期間を、目一杯遊んで過ごしてもいい。プロ野球選手は個人事業主なのだから、いくら手を抜いてもだれからも文句をいわれる筋合いはない。だけど現実には、二カ月間まるまる遊ぶ選手などいるわけがない。

人間、もとの体に戻るには休んでいる期間の三倍の日数が必要、といわれる。つまり自主トレをおろそかにすると、いざキャンプが始まっても体力的についていけず、調整ミスを招くのが目に見えているのだ。ヘタをすると、無理がたたって故障につながりかねない。前年に活躍したルーキーが、よく〝二年目のジンクス〟に陥ってしまうのは、経験がないためにオフの過ごし方を失敗するのも一つの原因だ。

僕の現役時代、ジャイアンツではキャンプ前に身体測定をやった。体重や体脂肪を計測するから、オフに手を抜いていた人間は一目でわかる。それぞれの目標数値をオーバーしていたからといって、とくにペナルティがあるわけじゃないが、なにか宿題を忘れたようでバツが悪いものだ。そう、自主トレというのは、子どもにとっての夏休みの宿題かもしれない。休みが始まって最初のころは、夏休みなんてまだあと何十日もある、と太っ腹な気分でいるものだ。遊びほうけて、宿題なんか目もくれない。それが、休みがあと十日、五日……と減っていき、明日から学校が始まる！　となってあわてても遅いのだ。

最初のうちはのんびり構えるのもいい。だが、キャンプまでにきちんと計画を立て、少しずつ体をつくっていかないと、いざキャンプ……となったときに大きく出遅れるか、ヘタをするとケガをすることになる。大学までは、それこそ一年三六五日練習をしているようなものだったから、ルーキーの年はキャンプまでの過ごし方を戸惑ったものだ。いまは選手会がしっかりして、選手の待遇やオフの練習についても厳密だが、かつては自主トレとはいっても半ば強制的なもので、チームのトレーニングコーチが指導することがあった。入団して最初の年、いきなり多摩川のグラウンドを二十周させられてびっくりしたことがある。プロってすげえな、と。

伝説の伊東キャンプ

最初のオフを経験すると、なんとなく体のつくり方を覚えていく。一月からトレーニングを始めては急仕上げで大変なので、十二月中から三日に一回走るとか、トレーニングコーチに方法を聞いて、ダンベルで筋力を維持するとかしていたものだ。そして正月の三が日が過ぎたら、走ったり泳いだりして下半身という土台づくりを始める。キャンプ間際になってバタバタとやるのがイヤだったからだ。いまはジムがあちこちにあるし、トレーニング理論も進歩しているから、自主トレの環境は昔より整っているといえるだろう。

ただしこれは夏休みの宿題と同じで、練習嫌いな選手にとっての自主トレはきつい。人間、本来が怠け者だから、ついつい手を抜いてしまうのだ。で、よく〝合同自主トレ〟といって、三、四人で温泉やゴルフ場にこもるケースがある。これは一人だとどうしても自分に甘くなってしまうので、お互いに励まし、尻をたたきながらきついメニューをこなしていこうというコンタンだ。僕も若いころは、よくやったものだ。場所は、河口湖のリゾートにある高級フィットネスクラブ。新浦壽夫さんや角盈男、途中からは中畑清さんもメンバーに加わった。高級クラブだから一般の人もほとんどおらず、周囲にはネオンもない。自主トレにはもってこいの環境だった。

そしてキャンプ……となるのだが、思い出すのもイヤなのが一九七九年、伊東での秋季

プロ５年目の1982年，多摩川グラウンドにて

キャンプだ。僕の二年目のこの年、ジャイアンツは五位という不本意な成績に終わる。で、長嶋監督が若手を集めて行った、二十五日間にもわたる伝説的な猛練習が伊東キャンプだ。プロ野球選手に、「練習が一番きつかったのはいつか？」と質問すれば、ほとんどが「高校時代」と答えると思うが、そう、まるで高校野球のようなハンパじゃない練習だったのである。

ノックの打球の速さや本数なんかは、ほとんどケンカである。レギュラーだった中畑さんにしても変わらない。早稲田の先輩である松本匡史さんなんかは、このキャンプからスイッチヒッターに取り組むのだが、左打席では最初はトスバッティングさえ当たらない。何度も何度も空振りするのだ。それが、この期間中にモノになるのだから、いかにすごい練習量だったかがわかるだろう。僕の場合は、打つときに腰が移動するという課題があったので、腰にヒモをつけ、それを長嶋さんと青田昇さんが引っ張りながら、フォームの矯正をした。一日どれくらいスイングしたか、もう数えきれないくらいだ。

　バッティングというのは、みなさんがバッティングセンターにいくくらいなら楽しいかもしれないが、キャンプでの特打となったら死に物狂いである。振り込んで振り込んで、手袋をしていてもマメが破れ、皮がめくれる。その皮を切って、さらに振り込むからじくじくして痛いのなんの。しかし、長嶋さんがつきっきりだから休むわけにはいかない。むしろバットを手から離すほうが痛いくらいになると、そこからマメが固まって、カチンカチンになって、ようやく痛みを感じないホンモノになるのだ。

　だから、春のキャンプでも特打となるとユウウツだった。朝食のときに〝今日の特打は○○、特守は○○〟と表に掲示されていて、そこに自分の名前があると恐怖である。練習時間が十時から夕方の四時までだとすると、個人的な特打は、朝九時から始まりみっちり一時間。いまは、午前と午後の休みに特打をやっているようだが、昔は休憩時間はきっちり休んでいたので、早出をするしかなかったのだ。特守は、打球に対して体を動かす分、特打よりもっとしんどい。練習が終わってから一時間、泥にまみれてはいつくばって打球を追いかける。それも、捕れるか捕れないかギリギリのところに飛んでくるから意地が悪い。休もうったって、打球は容赦なく飛んでくる。ボールに飛びついたふりをして、三秒ほどグラウンドに横になるのがせいぜいだ。

キャンプというとそんな毎日だから、疲れ果てて、夜、気分転換に飲みにいく元気もない。キャンプの日程はだいたいが四勤一休だから、せいぜい休みの前の日に出ていくくらいだ。となると、夕食のあとは宿舎で麻雀をするくらいがささやかな楽しみ。麻雀というと、みなさんいろいろなエピソードでご存じだろうが、長嶋さんはやはりおもしろかった。一度七対子をやっているとき、ある牌を四枚集めてリーチをかけた。あるいは、これは聞いた話だが、対面がカンをしているのに、それを待ち牌にしてリーチをかけたという。しかも、たとえば対面のカンが五ピンだとしたら、長嶋さんは二ピンと八ピンを切ってある。十分に迷彩を施したつもりで、得意満面になっているのだ。

麻雀を知らない人のためにつけ加えておくと、どちらもチョンボ、反則である。だが、やっている人間もそれをいい出せないところが長嶋さんだ。自分の世界に入り込むと、周囲がまるで見えなくなってしまう。なにしろ、「明日、ゴルフにいくよ！　東名に乗って、最初のゴルフ場にしようか」と、ゴルフに誘う人である。どこのゴルフ場、とはいわない。

高速に乗って、一番近いゴルフ場……ということなのだ。そして、誘われたほうが苦労してそのゴルフ場を探し当てると、電話が入る。ゴメン、今日は千葉にしよう――。こういう話をすると、みなさん喜ぶが、長嶋さんだから許されることだろう。

オフの時間こそ自分を高めよう

自主トレからキャンプというのは、いわば長いシーズンを戦っていく土台づくりだ。メンテナンスからビルドアップという体の面では、一般の企業にはたとえにくいかもしれない。ビジネスマンには、シーズンオフがないからだ。ただ、自らのスキルを上げていくということでは通じるものがある。オンを仕事中、オフを自分の時間とするなら、縄のれんで会社の愚痴をいい、ストレスを発散するのは簡単だ。家に帰って、テレビをながめるのもいい。だけど、その時間を使って自分を磨く方法はいくらでもある。読書をするのもいいだろう。英語を学ぶ。異業種の友人と会って、情報を交換する。もちろん趣味に没頭するのもいいし、体力をつけ、健康を維持するためにジムに通うという手もある。漫然と過ごしてもいいが、なにか自分の財産をためていくのもオフの時間だからこそだ。

趣味というのも、まんざらじゃない。僕はけっこう将棋が好きだ。段持ちの父親に影響されたのだが、そこそこ強い。一度プロ棋士の内藤國雄さんと打ったことがあり、なかなかスジがいいといわれたのが自慢である。この将棋というのは、キャッチャーのリードと似ているところがある。相手がこうきたらこうしようと、つねに先を考える。もちろん定石はあるが、それを頭に入れつつ、どうやったら相手の裏をかけるか。王手をかける、つまり決めダマを要求する前に、どうやって布石を打つか。一手間違えたら形勢が逆転することもあるが、相手が読み間違えてくれることもある。どうだろう、リードと似ているでしょう? あなたがなにげなく熱中している趣味だって、もしかしたら取引先の責任者が同じ趣味かもしれない。ビジネスといっても、しょせんは人と人とのつながりだろう。そういう共通点が、思わぬきっかけになっていくのではないか。

自主トレからキャンプのオフシーズンは、しっかりとした土台づくりの時期だ。ここでたっぷり時間をかけ、手を抜かず、できるだけ設計図に忠実に土台をつくっていくことで、シーズンという建物全体の強度が決まるといってもいい。一九七九年当時の伊東キャンプの参加者は、ほかに江川、西本、角……。翌一九八〇年、ジャイアンツは三位に終わって長嶋さんが辞任するのだが、このときの伊東キャンプのメンバーが中心になり、ジャイアンツは一九八一年、藤田監督のもとで優勝を飾り、そして日本一に輝くのである。

第4章 キャッチャーは、研究熱心である

実は緻密な長嶋野球

僕がジャイアンツに入団した一九七八年、チームの指揮を執っていたのが長嶋監督だった。自分が少年時代に、あこがれていた人である。現役時代は〝燃える男〟といわれ、人気絶大。六回の首位打者のほか、天覧試合でのホームランなど、ここという場面でなにかをやる国民的英雄だった。かと思うと、ホームランを打ちながらベースを踏み忘れたり、試合のあと息子の一茂を球場に置いてけぼりにしたりと、さまざまな微笑ましいエピソードを持つ。だれからも愛されるキャラクターの持ち主だ。一九七四年に引退すると、そのまま監督に。初年度こそ最下位だったが、一九七六、一九七七年とセ・リーグ連覇を果たした。

僕がジャイアンツに入ったのは、そんなときである。シーズンに入る前、長嶋さんは、

スタメンで使う構想だったルーキーの僕をつかまえていったものだ。

「ヤマ、ペナントレースが始まったら、毎試合、明日の試合の投球シミュレーションをオレに提出しろ。試合が終わってヘトヘトに疲れているときに、翌日の試合のことを考えるのは大変だろうが、これは自分の財産にもなるんだからな」

これにはびっくりした。長嶋監督というと自由奔放、豪放磊落、持ち前のカンピューターで、細かいことにはこだわらず、チャンスと見ればイケイケ……と思いがちだ。先に書いた麻雀のように、夢中になると周囲が見えなくなるという例もある。だが、意外かもしれないが、こと采配となると、データをじっくりと吟味し、どうしたら点をとる確率が高いか頭を回転させ、緻密な野球をするのである。現役時代のイメージとは違うのだ。たとえば、二度目の政権だった二〇〇〇年の日本シリーズでは、終盤の四点リードの場面で川相昌弘を代打に起用し、バントをからめてダメ押し点を奪っている。

僕にしてもそれまでは、長嶋さんといえばマスコミのいうカンピューター野球で、データなどは参考程度だと思っていた。ところがどっこい、正反対だ。明日のジャイアンツの先発はだれそれ、相手の俊足のトップバッターにはどの球種から入るのか、好調の四番バッターはどうやってタイミングを外すのか、はたまた試合序盤と中盤でどう組み立てを変えるのか……といった細かいところまで、一試合分のリードを捕手である僕にシミュレートしろ、という。

いわば一球一球克明に、試合の設計図を書け、というわけだ。僕はああでもない、こうでもないと考える。明日の先発の○○さんはカーブが決めダマだから、ストレートをこう見せダマにして、最後は外角低めで……などと、まるでパズルのように組み立てに知恵を絞るわけだ。しかも、ルーキーである。相手打者の得意や苦手、クセなどは、まだ整理されていないから、このパズル、なかなか難解だ。どうにか一試合分を組み立てるには、たっぷり二―三時間はかかる。

もともと大学時代から、キャッチャーというポジションについて、自分なりに研究はしていた。当時はいまほど情報がないなか、キャッチャーについて書かれたメジャーリーグの訳本を探してきて読み、研究したりした。大学には、キャッチャー専門のコーチなどいない。しかも、キャッチャーに転向したのが高校二年だから、長くやっている人に対抗しようとすれば、そうするしかなかったのである。分厚い本を読破し、自分のものにするのは一見大変そうだ。ただ、高校時代から要領のいいほうで、試験に出そうなところはなんとなくカンが働き、そこだけ熱心に授業を聞いていた。その方式でいくと、分厚い本でもなんとなく要点は見えてくるのである。

それでも、毎日のレポート提出となると、その苦しさはナミじゃない。プロ野球の日程というものは、三連戦が基本だ。今日の試合が終わってもそれで一段落ではなく、すぐにまた明日も試合がある。つまり、ナイトゲームを終えてからでも、ホッとする間もなく明日の予習が待っている。試合を終え、自分の部屋なり宿舎なりに帰り着くころには、すでに深夜に近い。そこから、いわば僕だけの〝残業〟としてレポート作成が始まるわけだ。これはつらい。ぐったりと疲れ果てているし、ほかの選手がビールでも飲み、ゆっくりと食事を楽しんでいると思うと、なおさら集中できなくなる。

自分の部屋ならまだいい。腹をくくって机に向かうしかないからだ。ただこれが遠征中ともなると、とんだ邪魔が入ることもある。登板した日の、江川なんかがそうだった。たとえば名古屋か大阪、広島あたりのホテルの一室。試合から戻ってきて、明日のレポート作成のために資料を広げ、ああでもないこうでもない……と頭をひねっていると、〝コンコン〟とノックの音がする。だれかと思ってドアを開ければ、ウイスキーのボトルを手にして江川が立っているのだ。つねに冷静で、図太そうに見えるが、江川という男は、繊細な部分を持ち合わせている。ことに登板した日は、アドレナリンがまだ体に残っていて、なかなか寝つけないらしい。そんな男が、あの入団時の騒動の渦中、よくもしゃあしゃあと「興奮しないで、冷静にやりましょう」などといえたものだが……。そこで、寝酒代わりに僕と雑談にくるわけだ。

早くレポートを仕上げたいから、ため息の一つもつきたくなるが、まあ、ピッチャーをのせるのもキャッチャーの仕事の一つ。ここはいくら疲れていても、邪険にはできないから、一杯か二杯つき合うことになる。こんなとき、なんとか早めに切り上げるには、江川の場合持ち上げるに限った。

「どうだった、オレのストレート……」

「すごかったよ。あれじゃあ打てないよ」

「そうか、そうだろう？」

ちびりちびりやりながら、本人、だんだんとご満悦になる。あちらは法政でこちらは早稲田。六大学の同期だから、気心はわかっているのだ。ところが江川本人は気持ちがいいだろうが、こちらは、〝予習〟がある。時計はとっくに翌日になっているし、早くやらなくちゃ、と気がせいてくる。ひとしきりおだて、持ち上げ、どうにか話を一段落させたところで、

「江川、そろそろもういいか？　オマエは明日はアガリ（ベンチに入らない）だからいいけど、オレは明日のレポートを書かないとさあ……」

と、丁重にお引き取り願うころには、夜はどっぷりと更けている。で、江川が満足してスヤスヤと寝息を立てている間、こちらはデータと首っ引きで悪戦苦闘、ようやく仕上げ

当時のジャイアンツを支えた両エース，江川と西本

て布団に入るころには、白々と明るくなっている……まことに、キャッチャーはつらいのである。まあもっとも、レポートを書くことは、長嶋さんがいったように自分の財産になったし、そこでの〝予習〟が試合でモノをいったときの快感は、なんともいえないものがあったが。

勝負の分かれ目は三打席目にあり

そのレポートだが、どんなふうに対戦をシミュレートするのかをちょっと書いておこう。まずは相手打線の予想先発オーダーと、そのデータを頭にインプットするのはいうまでもない。好きなコースと苦手なコース。ストレートが好きか、変化球か。初球から打ってくるほうか、じっくり見てくるほうか。その打者自身の、最近の調子。もちろん、味方投手の持ち味、クセは頭に入っているが、相手打者との対戦成績、いわゆる相性はどうか。過去の対戦で打たれたケースと打ち取ったケースの分析……。これらが、配球の組み立ての根拠になるわけだ。

ジャイアンツの先発が、西本だったとしよう。内角をえぐるシュートが決めダマのピッチャーだった。まずは、相手の一番打者との対戦。もし積極的に打ってくるバッターだったら、初球はボールになってもいい、外のまっすぐから入ろう。二球目はカーブ、三球目は内にストレート……こうして、相手を打ち取るための配球を一球一球組み立てていく。勝負するのはボールカウント2―1、あるいは2―2のことが多いから、一人のバッターに対してレポート上は四、五球投げさせることになる。

ときには、配球の根拠を余白に記す。たとえば、三番バッターには外へ逃げるスライダーで勝負した。なぜ決めダマのシュートではなく、スライダーか。このバッターは、シュートと読むと左足をアウトステップするクセがある。そこへシュートを投げれば思うツボでミートされてしまうので、裏をかいて外へ逃げる。これならバットが届かないから、というふうにだ。もちろん、全員打ち取っていくわけじゃない。そんなことになったら、毎日パーフェクトを達成することになる。ヒットを打たれることまでは想定しないが、たとえば四番に2―3になったら、長打よりもフォアボールでしょうがない、と頭のなかでランナーを一人塁に出してみる。あるいは先発が江川だったら、立ち上がりの制球が安定しないから、先頭打者をわざと歩かせてみる。そこから、次の打者をどう料理するかに切り換えていくのだ。

こうした架空の対戦を、一番から八番まで各四打席行ってみる。つまり、スリーアウトごとのイニングよりも、打席の回りで考えるわけだ。九番打者はピッチャーだから、計算外。ただし、勝負どころで代打の切り札が出てくる場面を想定し、その打席をシミュレートはする。四打席というのは、ピッチャーが完投する場合の、平均的な打順の回り具合を想定したものだ。五打席以上対戦するなら、先発投手は交代している公算が大きい。この四打席のうち、もっとも重要なのは、各打者の三打席目だと僕は思っている。三打席目というと、各バッターの目が慣れてくるころでもあるし、イニングも通常なら五、六回ごろというところだ。ランナーを置いて、中軸に回ることも多い。ピッチャーにも、そろそろ疲労が忍び寄っている。この三打席目を、いかに抑えるか。これが、勝負の分岐点だ。

理想をいえば、この三打席目まで、いかに勝負ダマを使わずに打ち取っていくか。西本ならば一、二打席目までは、シュートを意識させながらも、できるだけそれを使わずに配球を組み立てる。もちろん、現実の試合ではそうもいっていられない。ピンチを背負ったら決めダマを使うのだが、これはあくまでシミュレーションだ。シンプルにいえば、外のタマを続け、バッターに「そろそろシュートがくるな」と思わせておいてしつこくまた外へいく、ということもできる。シュートがあるぞ、と思わせた時点で、こうした配球も成り立つのだ。

そして、勝負どころの三打席目。いきなり初球に、それまで見せなかった伝家の宝刀・シュートから入ったりする。こうなるとバッターは面食らう。一、二打席目とまるで違うぞ……と、まるっきり別のキャッチャーのリードという感じがするものだ。こうして四打席目になったら、バッターは疑心暗鬼だ。一、二打席目の組み立てでくるのか、それともシュートを生かすか。このあたりは、バッテリーとバッターのかけひきになる。あくまでレポートのなかでの話だが、こうして、全打者との四回の対戦をレポートにまとめるには、二時間くらいかかっている。

キャッチャーが考えるのは、ピッチャーの決めダマをどう使ったらもっとも効果的か、ということだ。極論すれば、そこから逆算したのがレポートの内容だ。ときに出し惜しみし、ときには相手に目一杯意識させ、知略の限りを尽くして裏をかき、決めダマの威力を倍加させる。毎晩レポートを書くという作業は苦しくもあった。だが、それまでは漠然としていた自分のリードというものが、文字にし、人に伝えることによって、はっきりと固定したともいえる。

シミュレーションにこだわりすぎない

こうやって苦心してつくったレポートを、首脳陣に提出するわけだが、ときには「この組み立てはなぜだ？」「ここはちょっと疑問だな」と突き返されることもあった。せっかく苦労したのに……とムッとするのだが、こちらは新米、首脳陣は長くプロのメシを食っている。提出した宿題を先生が添削してくれるようなものだから、なるほど……と勉強になることが多かったものである。このレポート作成は、入団から三年で終わりになった。長嶋監督が辞任したからだが、三年間書きためたものが、大学ノートにして十冊分くらいにはなっただろうか。もっともそのころになると、味方投手の性格やクセ、相手打者の力量などは把握していたし、わざわざレポートを書かなくても、自分なりのリードというものができるようになっていた。

断っておくが、むろんレポートは、あくまでも机上でのシミュレーションだ。計算通りにいけば、こんな楽なことはない。だが、きわどいタマがボールと判定されることもあれば、打ち取った打球がイレギュラーもするし、先発投手が思ったほど調子がよくないこともある。むしろ、シミュレーション通りにいくことのほうが少ないのである。そこから、どれだけ臨機応変に対応できるか。ビジネスでもそうだろう。相手を研究し尽くして、ストーリーではうまくいくはずだったのが、どこかに思わぬトラブルが待ち構えている。となると、最初に描いたシミュレーションをなぞってもうまくいかない。

そこでモノをいうのが、経験というやつだろう。ライターの友人に、おもしろい話を聞いた。駆け出しのころは、質問すべき項目を箇条書きにしてインタビュー取材に臨む。制限のある取材時間では、その項目を忠実にたどるだけで精一杯だ。だがあるとき、用意した質問項目を律儀にたどるよりも、ときには質問から脱線したほうが話がおもしろくなることに気づく。以後は、質問項目は用意しても、それにとらわれず、気持ちよく話してもらうことを優先するようにした。そうなるまでには、ある程度の場数が必要ですけどね……。

つまり、試合前に組み立てたシミュレーションにこだわりすぎない、ということだ。

僕の場合も、三年間レポートを提出しているうちに、シミュレーションが目的というより、翌日のイメージをふくらませる予習のようになっていった。いま、ジャイアンツでホームを守るのは阿部慎之助だが、二〇〇一年に入団したときは、やはり長嶋監督が指揮を執っていた。僕は臨時コーチに招かれたりもしたが、長嶋さんのことだから、おそらく僕と同様、レポート作成を義務づけていたのではないか。二〇〇一年、阿部は、ルーキー捕手として開幕戦でスタメンに名を連ねたが、一九七八年の僕以来のことだったという。あれから年月がたち、最近の阿部のリードは、入団当時から格段に成長している。

第5章 キャッチャーは、信頼される

キャッチングは〝ヒジで捕りにいく〟

キャッチャーという仕事は、いつもケガと隣り合わせだ。とくに、一試合で百球以上も受ける指。僕も、右手は何回も骨折している。ただ、左手に限ってはゼロである。せいぜい、突き指程度だ。ファンなら、右手よりも左手のほうがケガしやすいと考えがちだろう。数え切れないほどの投球を直接受けるのは、左手だからだ。確かに、草野球レベルの方なら、右手より左手を痛めやすい。とくに、内角のシュート気味のタマ。気を抜いて捕りにいくと、親指を痛めることが多いのではないか。確かにわれわれも、ミットの芯で捕らないと痛いことは痛い。まだ寒いキャンプのときなどは、その痛さが身にしみる。シーズンに入っても、親指は慢性の突き指状態だ。だがプロのキャッチャーは、左手はさほど大きなケガをしない。これは、キャッチングにコツがあるからだ。

プロではキャッチングを、〝ヒジで捕りにいく〟と表現する。極端な高めや低めは別として、ストライクゾーンのボールに対しては、ヒジはつねに地面方向をさし、そのヒジを支点にする感じでミットを動かす。このとき、左手はいつも小指を上にした状態だ。ところが草野球レベルだと、自分より左側、つまり右打者の内角のタマは、ヒジから先を左に動かし、小指ではなく親指を上にして捕る傾向がある。これだと、威力のあるタマの勢いに指が持っていかれてしまうことがある。それが、ケガの原因になる。ヒジでリードし、いつも小指を上にしてタマを捕るクセをつけておけば、そういう危険は少ない。ぜひ子どもたちに教えてほしい基本の一つだ。

キャッチングの基本について、もう一つふれておこう。ショートバウンドについてだ。近年のプロ野球は、大きく落ちるタマが全盛である。フォーク、チェンジアップ……これはストレートと同じ腕の振りで、しかも途中までストレートと同じ軌道でくる。打者というのは、ボールがピッチャーの指を離れた瞬間にコースや球種を見きわめ、打つか見送るか、ストライクかボールかを判断するものだ。時速一三〇キロのボールなら、〇・五秒以下でホームに到達する。一方、打者のスイングの反応時間は〇・三秒といわれているので、差し引きすると、〇・二秒後には打つか、見逃すかを判断しなくてはならないわけだ。

つまりボールが投げられた〇・二秒後には、「ああ、こう投げられたボールならこうくるな」という球道をイメージして、スイングにいく。だから、ストレートと同じ軌道でくるフォークに対して、ストレートのつもりで打ちにいくと、タイミングが合わないし、実際に軌道も違う。とはいえ、「あっ、フォークか」と途中で判断しても、瞬間のことだからスイングを修正することもできない。ファンにしてみたら「あんなショートバウンドするようなボールを、なぜ振ってしまうのだろう」と疑問に思うかもしれないが、なかなかスイングを途中で止められるものじゃない。だから、フォークなどの落ちるボールが有効なのだ。たとえば、ジャイアンツの上原浩治。球速はさほどでもないが、球界を代表するピッチャーなのは、すばらしい制球力と鋭いフォークがあるからだ。

落ちるタマが有効。それはわかるとしても、最近のプロ野球では、キャッチャーがショートバウンドの投球を後ろにそらすシーンがやけに目立つ。目立ちすぎる。ショートバウンドを、ミットだけで捕りにいっているからだ。楽をして、手だけで捕球しようとする。その結果、捕りそこねても、足元にボールが転がるくらいならまだいい。ヘタをして、バウンドした投球がミットの角の部分に当たれば、強く反発してあさっての方向に飛んでいくし、不規則なショートバウンドなら、ミットにかすりもしないこともある。ランナーに、やすやすと次の塁を与えてしまうことになる。

ショートバウンドは、捕るのではない。止めることが先決だ。キャッチャーは「あっ、ショートバウンド」と判断したら、すばやく両ヒザをそろえて地面につける。投球方向に壁をつくり、しかも足の間をボールが抜けないようにするわけだ。そして腰を浮かさないように注意し、両肩、胸をすぼめ気味にする。胸を張ったままだと、ボールが当たったあとの反発が大きくなるからだ。この状態で、ミットではなく体で止める。こうすれば、ボールが前に落ちる確率はかなり高い。決して華麗ではなく、体を張った泥臭い技術である。ただメジャーリーグでも、キャンプから必ず地道に行われている練習だ。

ショートバウンドに強くなるというのは、いいキャッチャーの条件の一つだが、それはなにもムダな進塁を防ぐという表面的な事柄だけにとどまらない。どんなピッチャーにとっても、ピッチングの生命線というのは低めのタマである。ピッチングのセオリーは、困ったらまずは外角低めだ。バッターからもっとも遠く、かりに打たれたとしても長打のリスクは低い。変化球でも、基本は低め。高めは禁物だ。肩口からストライクゾーンに入ってくるカーブなら打ちごろだが、ストライクゾーンからボールになるカーブなら、そうそうケガはしない。

だがここで、もしキャッチャーがショートバウンドが不得手だったらどうだろう。ピッチャーは、低めギリギリに投げようと頭では考えていても、もし後ろにそらしたら……という思いが心のどこかにある。これが高校野球レベルだと、ランナーが三塁にいるとき、落ちるタマは使いにくいということになる。パスボールが怖いからだ。そういう疑心暗鬼で投げたボールは、往々にしてコントロールが甘くなり、あるいはボール一個分高くなったりして、痛打される危険をはらんでしまう。だが、ピッチャーが「コイツなら少々のショートバウンドでも大丈夫、止めてくれる」と信頼していれば、気持ちよく腕が振れて、生きたタマをいいコースに放れるものなのだ。信頼、である。キャッチャーはよく、女房役といわれる。みなさんも、奥さんが家のことをきちんとこなしてくれるから、仕事に没頭できるのでしょう?

バッテリーの相性

女房であるキャッチャーは、主人であるピッチャーをカゲで支え、励まし、自分は目立たなくてもいい気持ちで仕事をさせることが肝心だ。とはいえ、ピッチャーをリードするのはキャッチャー。堀内さんなどは現役時代「いくらONが偉大でも、オレが第一球を投げなきゃ試合は始まらない」といっていたものだが、僕は心のなかでこう思っていた。「でも堀内さん、僕がサインを出さなければ、堀内さんは第一球を投げられませんよ――」。つまりピッチャーが主役ではあるが、キャッチャーはピッチャーに好きなようにさせながら、大もとではしっかりとヒモを握っているのかもしれない。

そういう夫婦のような関係だから、投手と捕手の間にも相性があるものだ。たとえば、正捕手は別にいるのに、特定の投手が投げるときだけマスクをかぶる捕手がいる。そのピッチャーと、呼吸が合うからだ。では、バッテリーの相性はどう決まるのか。たとえば投球を受けてからのキャッチャーの返球を、グラブを構えた胸のあたりとか、つねに一定のところに返してほしい、というピッチャーがいる。ピッチャーというのはたいていわがままだから、ちょっとでもボールがそれると気分がのらない、などということもある。

まあそれは極端だが、大切なのはリズムだ。捕ってから返球するまでのリズム、サインを出すリズム。ピッチャーには、ポンポン投げたい人もいれば、一球一球じっくり間をとりたい人もいる。それを無視して、だれにでも同じリズムで返球するようでは、女房役としていただけない。会社から帰ってきたご主人が、まずはお風呂へ……と思っているところへ、「あなた、ちょっと聞いてよ」といきなり相談事を持ちかけられては、リズムもなにもない。

ポンポン投げたいピッチャーなら、捕球したらすぐに返して、しゃがんで、シグナルを送る。間をとりたいピッチャーなら、ボールをいったん手でこねてからゆっくり返し、ひと呼吸してサインを出す。ピッチャーの性格を熟知して、うまくのせてやるのが女房だ。

またピッチャーにはそれぞれ、ピンチのときに投げたいタマがある。五つの球種があるとしても、勝負どころで使いたいのは多くて二、三種類だろう。一応投げられる程度で、さほど自信のないスライダーを勝負どころで要求されては、ピッチャーはとたんに気分がのらなくなる。勝負どころでは、ピッチャーが投げたいサインを迷わず出し、お互いが納得してこそ、タマが生きてくるのだ。一度首を振ると、もう呼吸が合わない。すると不思議なもので、投球が甘くなったり、外れたりする。

サインがパッと出た、うなずいた、そしてモーションに入る。この手順はゴルファーのルーティーンと同じで、それぞれのリズムがある。後方から打球方向を確認し、二、三回素振りしてからアドレスし、もう一度目標を見る……ちょっとでも雑音が入ったりすると、また一からやり直し。そうしないと、リズムが狂うからだ。ピッチャーも同じで、さあ、勝負……と気分が高まっているとき、キャッチャーが思い通りのサインを出さないと、集中がそがれるのだ。キャッチャーが一人前になるまで時間がかかるのは、主力投手それぞれのリズムを把握するのに時間が必要なせいもあるだろう。

パスボールはだれのせい？

そうやって呼吸が合い、ピッチャーから信頼されても、ときどき起きるのがパスボールだ。なんの変哲もない、ミットの届く範囲のタマをキャッチャーがパスボールしたとする。

お茶の間のみなさんは「プロなのに、なんであんなタマを捕れないんだろう？」と首をひねるかもしれないが、これは、ほぼ間違いなくピッチャーのサインミスだ。プロたるもの、ミットの届くタマをそらすなどふつうはありえない。だけどたとえば、内のまっすぐを要求したつもりが、ピッチャーが外にフォークを放ってきたら、いくらなんでもお手上げである。パスボールしないまでも、キャッチャーがあわててミットを出すシーンなどはちょくちょく見かけられるが、これもサインミス。ではなぜ、そんなにかなりの頻度でサインミスが起きるのか。それは、キャッチャーの出すサインが複雑だからだ。

サインには、幾通りもある。まずは、じゃんけんのグーをゼロとしてじゃんけんのパーまで、指を一本ずつ立てる六パターン。意図する球種を伝えるには、これをすばやく三、四回組み合わせる。その組み合わせで、たとえば一番目と二番目を足し算したものだったり、何回指を立ててもつねに二番目のシグナルが正解だったり、まず何番目のシグナルかを指で示し、そこから本当のサインを出したり……と、一人のピッチャーにつき三、四種類のサインがある。さらに、球種が決まったら今度はコース。立てる指が奇数なら内角、偶数なら外角、という具合だ。

これらのサインのパターンを、三イニングごと、ことによると毎回変えていく。だからときとしてピッチャーも混乱し、前のイニングのままのサインだと勘違いすることもある。

しかも、パッパッとめまぐるしい早さで指を立てたり折ったりするのだから、視力の悪いピッチャーだったら、しばしば間違えてもおかしくない。サインの呼吸が合わず、バッテリーがマウンドでなにやら話しているシーンをよく目にすると思うが、これはたいがいサインの種類を確認していると思っていい。

「スライダーでしたっけ?」

「イヤ、それはさっきの回までだよ。この回は、あのサインならまっすぐだろう」

というわけだ。かりにピッチャーがサインミスを犯し、キャッチャーが記録上のパスボールを犯し、それがピンチにつながったとしても、われわれは忍の一字である。ベンチに戻り、「あれはどういうことだ!」と詰め寄られても、口が裂けても「ピッチャーのサインミスです」とはいわない。ひたすら「すいません」。事実はピッチャーがサインに首を振り、そのボールが打たれたとしても、「私のリードが悪かったんです」とかばう。ピッチャーのせいにしたら、信頼関係がズタズタだ。ここは一つ、自分が悪役になれば、それを見ていたピッチャーは「間違えたのはオレなのに、アイツはオレをかばってくれている」となる。なにしろ本人、身に覚えはあるのだから。そういう細かい積み重ねが、投手からの信頼を築いていくものだ。

牧野茂さんが一九八一年にふたたびジャイアンツのヘッドコーチになったとき、主力選手の自宅を家庭訪問したことがある。あとで聞くと、僕のところが、イの一番だったそうだ。

「山倉、どうもパスボールが多いようだな」

「自分が出したサイン通りのタマがくると、ピッチャーを信用しているんです。そこへ違うタマがきたら、プロのキャッチャーでも捕れないことがあるんです……」

「そうだったのか。でも君は、全然弁解しないじゃないか」

「いいませんよ。僕が〝ピッチャーがサインを間違って……〟とベンチでいったら、どうなりますか」

「君は、えらい！」

と、大いに感激し、気に入られたものだ。もちろん牧野さんは、そのことを胸にしまっておいてくれた。その代わり、かりに僕がパスボールをしてベンチに帰っても、怒鳴りつけることもなかったのである。

もう引退したからいいだろうが、サインミスの多かったのは、〝完全男〟槇原だ。ストレートは速く、フォークは落ちるイキのいいピッチャーだったが、まずいことに視力があまりよくない。となると複雑なサインを見間違え、僕は記録上のパスボールを犯すことになる。ただ一試合に一、二球ならまだ「パスボールです」とかばい立てもできるのだが、四球五球とサインミスがあると、キャッチャーとしてはたまらない。そこで、ある年の日本シリーズ。先発する槙原とこう約束をした。

「サインミス一個につき罰金千円徴収。その代わり完投なら三万円、完封なら五万円のご祝儀だ」

日本シリーズという大事な場面である。サイン違いのないように、気を引き締めようと思ったわけである。ところがところが……この試合で槙原は、タマも速ければ変化球もキレて、あれよあれよという間に、なんと完封である。サイン違いは、確かわずか一個だった。かくして、試合前の約束通り、差し引き四万九千円がフトコロから消えた。こちらとしては、「やればできるじゃないか」と悪態をつくのが精一杯だ。まあ、それで勝てるのなら安いものだが……。

第6章 キャッチャーは、用心深い

プロ流サインの仕組み

投手と捕手のことを、バッテリーともいう。電池のプラスとマイナスのようにお互いが補い、助け合ってピッチングを組み立てていくからだろう。ただ、プラスとプラスをつないでしまっては電流は通らない。意思の疎通がうまくいかないサインミスは、いわば電流が通じない状態だろう。サインミスが起きてしまうのは、一口にいえば、先に書いたようにサインが複雑だからだ。

一般のファンにはなじみがないだろうから、ここでサインについてもうちょっと説明しておこう。たとえば、「球種をたくさん持つピッチャーには、五本の指で足りるのか」「ピッチャーによって何種類かあるサインを覚えきれるのか」「コースは指で示すとして、高低はどうするのか……」など、さまざまな疑問があるはずだ。

たとえば、じゃんけんのグーからパーまで、指を一本立てるにつき六パターン……と書いたが、この場合多くはグー、つまりゼロはダミーだ。牽制を投げろ、とか、一球外せ、とか、球種の要求以外のシグナルに該当する。つまり、投球の組み立ては、指一本から五本までの立てる本数で指示するというわけだ。ここでは指一本がストレート、二本はカーブ、三本はシュート、四本はスライダー、五本はフォーク、チェンジアップなどの落ちるタマ系としよう。

球種が豊富にあるピッチャーでも、この五種類に大別すれば、ほぼこと足りる。パームボールがあったとしても、落ちるタマ系の範疇だし、タテのカーブと横のカーブを持つピッチャーは、カーブのサインに対して、自分の判断で投げ分ける。シンカーはシュートの変形だし、はやりのツーシームにしても、ストレートの変種。つまり、どんなに豊富な球種があっても、サインは五つで十分なわけだ。ただ、これだけでは「グーはストレートでチョキはカーブ」といった、草野球レベルのサインとあまり変わらない。複雑になるのはここからだ。ちなみに以下、「指一本、指二本……」などと書くのはまだるっこしいから、それぞれ○数字で示すことにする。指一本を立てるのは①、二本なら②、という具合だ。

バッテリーは状況に応じて、またピッチャーによって何種類かのサインを使い分ける。まず代表的なのは、通称〝キー〟と呼ばれるやり方だ。あらかじめ決めておいたキーとなるサインを出した直後に、本当に要求したい球種のサインを出すもの。たとえば①がキーであれば、⑤①②と出した場合、キーとなる①のあとで指二本だから「カーブでいこう」。④③①⑤ときたら、①のあとが⑤だから、フォークなどの落ちるタマ。このとき、パッパッパッと何回指を立てるかはキャッチャーの自由だが、まあ二回ではミエミエだ。三、四回が通常だろう。では、ストレートを投げさせたいときにはどうするか。①①と続けては、これもミエミエ。ならば……と、④②③のように、一度もキーである①を出さなければストレート、というふうに決めておくのである。

コースについては、奇数ならインコース、偶数ならアウトコースなどと決めておき、球種を要求したあと、そのサインを最後につけ足して伝える。キーの例でいえば、③①②④とシグナルを送ったら「外角にカーブでいこう」というわけだ。あるいはコースの要求はもっとダイレクトに、ミットを構えた位置で伝えることも多い。また高低についてだが、そもそもプロ野球では低めに放るのが基本。だから、低めのときにはあえてなにもサインを送らず、高めにつりダマを投げたいか、外したいときだけ、ミットの位置で指示することになる。

〝ポンプ〟というサインの出し方は、キーよりもちょっとややこしい。最初に出したサインの指の本数に、シグナルを出した回数だけ数字を足していくものだ。このやり方では二回目、三回目に出した指の数は関係ない。どんなサインを出そうが、その本数にかかわらず、最初の本数に、サインを出した回数を一ずつ加算していく。まず②を出したとする。次にかりに指を四本立てても、これは実際は④ではなく、最初の二本に＋一回で③に、さらに次に⑤を出したら、これも同様に二本＋二回で④に相当する。

つまりこのポンプ方式で①⑤④②とサインを出したら、最初の一本＋三回のシグナルで④、スライダーということになるわけだ。かりに⑤から始め、そのあと二回シグナルを出したら⑦ということになるが、⑦に相当するタマは初めから決めていない。このとき、六以上になった場合は五を引くことにしておけば、要求は②、カーブだとわかる。このサインの出し方は、いわばキャッチャーの気まぐれみたいなものだから、なかなか規則性を見つけだすのはむずかしいだろう。

もう一つあるのが、足し算だ。たとえば三回シグナルを出すとしたら、一、二回目の指の数を足したものが要求する球種で、三回目はコースの指示という具合だ。①④②ときたら、一＋四でフォークを外角に。④②③ときたら、さっきと同様に六から五を引いて一、つまりストレートを内角に。もちろん、シグナルを出す回数は自由である。

キー、ポンプ、足し算。バッテリーは、「一回はキーでいこう」「二回はポンプ」というように、これらを組み合わせて意思を通わせる。また前の章ではイニングごとに、と書いたが、どうも相手打者のタイミングが合っているなと感じたら、イニングの途中でもシステムを変える。たとえば①をキーにしていたのを③にする、といったように。大事な場面で、極端に用心深くなると、一球ごとに変えることさえある。キャッチャーが胸、肩、ももなどとタッチしてからシグナルを出す場面を見たことがあるだろう。あれはおそらく、キーでいくか、ポンプか、足し算かをまず決めているのだ。たとえば胸の次に肩をさわった場合はキーでいく。そこからおもむろに、指でシグナルを送るのだ。

バントシフトやピックオフプレー、あるいは相手がヒットエンドランをしかけてきそうなときのウエスト、といった場合のサインは、ピッチャーへのサインとは明確に区別し、ピッチャーへのサインの前に出す。ここでは①から⑤までがピッチャーへのサインだが、それ以外、たとえば親指や小指だけを一本立てたり、グーを振ったり。これならば、球種のサインと明らかに違うから、混乱することはない。これらはもちろん、あらかじめ野手陣と確認しておく。

複雑なサインのわけ

……こう書いてくると、そんなに複雑なサインをよく覚えられるな、と思われるかもしれない。だが、慣れてくれば体が勝手に動いてくれる。最初はしどろもどろでも、必要に迫られれば自然と英語が上達するようなもの。カーブを要求したければカーブのサインを送るよう、指が勝手に機械的に動いてくれるようになるのだ。原稿を書くとき僕は、キーの位置を確認しながら、指一本でおそるおそる打ち込んでいるのだが、鼻歌まじり、ブラインドタッチでキーをたたく人も多いはず。僕などはむしろ、そっちのほうが大仕事に思える。それと同じこと、訓練を積めば、考えなくても思ったままに指が動くのだ。まあ、昔とったそろばん二級の思考回路が助けてくれている、というのは冗談だが。

もっともやはり、慣れるまでは四苦八苦するのは確かだ。即戦力、といわれる捕手でも、ルーキー時代はサインを出すインターバルがどうしても長くなる。阿部慎之助もルーキー時代は、「あれではピッチャーがリズムよく投げられない」などといわれたものだ。アマチュア時代にバッテリーが用いるサインは、おそらく三回出したうちの○番目、という程度のはず。そこにやれポンプだ、足し算だ、しかもイニングごとに変えていく……といわれたら、多少はまごつくのはしょうがない。また外国人投手は、往々にして複雑なサインをイヤがる。アメリカでは、日本ほどサイン盗みを警戒しておらず、サインがシンプルだからだろう。ガリクソンなどは「○番目に出したサインでいいだろう」と申し入れてきたものだ。

なぜこうまでして細かく、複雑なサインを出すのか。いうまでもなく、サインを盗まれないようにするためだ。現在は、サイン盗みは禁じられているが、かつては半ば公然とそれが行われていた。センターから双眼鏡でのぞいて合図を送ったり、あるいはベースコーチやランナーが解読して伝えたり。テレビがセンターのカメラから中継するようになって以後は、キャッチャーのシグナルなど丸裸状態だ。いまでも、思い出したように、何年かに一回はサイン盗みの疑惑が問題になる。球種がわかったって、絶対に打てるとは限らない——と思うかもしれないが、ストレートか変化球だけでもわかれば、打者はかなりのアドバンテージを得るものなのだ。

マサカリ投法で知られる村田兆治さんは、一時このサイン盗みにかなり神経質になり、袴田英利とのバッテリーでは、ノーサインで投げていたこともあったという。いまでも、プロ野球OBによるマスターズリーグで、一四〇キロを投げる豪腕。現役時代は、一五〇キロ近かっただろう。しかも落差のあるフォークが村田さんの武器だ。ノーサインで、キャッチャーがかりにストレートを予測しているところにフォークがきたら、これはボールを後ろにそらす危険がかなりある。現に村田さんが生涯で記録した暴投は一四八。これは、日本プロ野球の最多記録である。

ちょっと話がそれたが、それついでにもう一つ。実は巨人でも、ノーサインで投げるピッチャーはいた。堀内さん、加藤初さん……。江川もその一人だった。僕はいちおうサインを出すふりはするが、なに、これは演技だ。いわゆる三味線で、江川は投げたいタマを、投げたいコースに放ってきた。まるで草野球みたいな話だが、そこはそれ、投球術とコントロールに長けたピッチャーなら、可能なことである。まして江川と僕は六大学で同期だから、あうんの呼吸がある。ああ、ここはカーブでくるなと予測すると、ほとんどズバリだった。もっとも、このノーサイン投球は、なぜか当時の牧野コーチにばれてしまった。

「オマエら、サインくらい出せや」

とクギを刺されたのだ。それ以後は、さすがにサインを出すようにしたが。まあともかくも、現在はサイン盗みは行われていないが、以前はちょっとやそっとじゃ解読されないよう、イタチごっこでサインが複雑化していったのである。それがいまも、用心するに越したことはないとばかりに続いているというわけだ。サイン盗みが禁じられているのなら、ときにピッチャーが間違うほどややこしいシグナルを使わなくてもいいのではないか……とおっしゃるムキもあろう。ただピッチャーにしたら、単純なサインにすると、どうしても、見破られやしないか……という不安がつきまとう。そんな疑心暗鬼で投げるよりは、用心に用心を重ねたうえで、心おきなく投げたほうがいい。

一見無意味な習慣が、文化として日常生活に残っているようなものかもしれない。たとえば、畳のフチを踏まないように、といったような。してみると、バッテリー間の複雑怪奇なサインというのも、日本野球の文化なのかもしれない。みなさんだって、パソコンがウィルスに冒されないように、セキュリティを何重にも張り巡らせているはずだ。用心しているからこそ、心おきなく仕事に取り組める。

とっておきのサインプレー

キャッチャーが出すサインは、投球のリードだけじゃない。ランナーのリードが大きければ、「牽制球を投げろ」とピッチャーに合図するのは当然として、各塁の野手にも「リードが大きかったら、オレが牽制球を投げるぞ」というサインも送る。たとえば、満塁のケース。ファーストはふつう、守備範囲を広くするためにキャンバスから離れて守る。塁が詰まっているから、かりに大きくリードされてもさほどリスクがないからだ。だけど、そのリードがあまりに大きいようであれば、ファーストに「次、牽制いくぞ」とサインを送るのだ。

これを見たファーストは、投球と同時に一塁キャンバスに入る。ピッチャーもそのサインを見ているから心得たもので、捕ってから投げやすいようにウエスト気味のタマを投げてくる。これをすばやくファーストに送球すれば、油断したランナーならまんまとワナにはまってくれるという寸法だ。二塁ランナー、三塁ランナーにも、同様のプレーがあり、一シーズンに二、三回は、こうしたサインプレーで刺したものだ。もちろん、あまり頻繁にやっては相手に警戒されるから、〝ここ〟という大事な試合、大事な場面で使うとっておきのプレーになる。大差のゲームでは、当然封印だ。みすみす手の内をばらすようなことはしない。

あるいは、守備位置やバントシフトのサインもある。一、三塁にランナーがいるとき、ゲッツー狙いで中間守備を敷くのか、前進守備でホームインを阻止するのか。同じ前進守備でも、ピッチャーゴロに限っては、ゲッツーをとるために、セカンドベースに入るショートは若干深め、などという複雑な守備陣形もある。また、完全にバントと読みきれば、一、三塁手は思いきりダッシュしてくる……など、キャッチャーのサインでかなり細かい指示が伝達できるものだ。もちろん、ベンチからの指示を中継することもある。

よく高校野球などでは、キャッチャーのリードを見て、一球ごとに野手が守備位置を変えるなどといわれる。非力な右打者に対して外のタマのサインなら、二塁手は一、二塁間を締めたり、ライトがライン際を浅めに守る、という具合だ。だが、プロ野球に限ってはそれはない。なにしろ本職のピッチャーでさえ、たまに間違えてしまうほどサインは複雑なのだ。野手が理解しようとしても、おいそれとはいくはずもない。もし一球ごとに守備位置を変えるとしたら、それはその野手個人の判断による。たとえば現役時代の篠塚などは、僕のリードの傾向を読み、自分なりに守備位置を変えていたという。

僕がケガをして試合に出られないとき、

「山倉さん、早く治して出てきてくださいよ。守備のリズムが悪くって……」

と、うれしいことをいってくれたものだ。現役選手で守備位置のファインプレーが多いのは仁志敏久だろう。ただ守備位置を変えるのも、あまり極端だったり、早めだったりすると打者に判断材料を提供してしまうことになる。たとえば、インコースを引っ張る傾向のある右バッターに対して、ショートが早めにサードよりに位置すれば、「おっ、次はインコースか」ということになりかねない。このあたりも、用心深さが要求されるところだ。

第7章 キャッチャーは、観察力に富む

インサイドワークの極意

あなたは、いまのプロ野球でナンバーワンのキャッチャーといったら、だれを思い浮かべるだろうか。谷繁元信（中日）？　パ・リーグなら里崎智也（ロッテ）？　まあ、そのあたりが一般的な答えだろう。

では、もう一つ質問だ。彼らのリードの、どこがすぐれているのか。どんな特徴なのか。どうです、そう聞かれると答えられないでしょう。当然である。みなさんが答えられるような、単純なリードのしかたでは、プロのバッターにとっては飛んで火にいるなんとかで、たちどころに餌食にするはず。つまり、テレビ観戦している皆さんにわかるようなインサイドワークでは、プロとして通用しないということだ。

もちろん、リードにはある程度の原則がある。たとえば、対角線で組み立てること。内

角高めに投げたら、次はそこからもっとも遠い外角低め、という具合だ。あるいは、逆算の発想。最後にフォークで打ち取りたいと思ったら、そのフォークの効果を倍増させるような伏線を張っておく。ただこれだって、プロの打者は先刻承知のことだ。この基本をふまえて、バッテリーとバッターは知略を巡らせ、かけひきの火花を散らせるわけだ。

たとえば阪神の藤川球児のように、速いストレートとフォークが主体のピッチャーを例題にしてみよう。もし僕がこの藤川をリードするとしたら、どんなふうに打者を料理するかをちょっと考えてみたい。まあ状況は無限に考えられるので、ランナーが塁上にいて、三振をとりたいケースで、主軸打者を迎えたとしてみよう。

球種はストレートとフォークのみ。まずはフォークから入る手もあるが、もし相手が山を張ってくるタイプなら、一球目は外角まっすぐ、ボールダマから入る。見逃すタイミングを見て、まっすぐ狙いかどうか探りを入れるわけだ。二球目はフォーク。三球目もフォーク。いずれもストライクで、カウントは2ストライク1ボール。四球目は、外角高めのつりダマか、ボールになってもいい外角低めのストレート。カウントは2－2になってもいいから、これで反応を見る。五球目、これはボールになってもいいつもりでフォーク。このタマには手を出さず、2－3になった。

バッターの心理は不思議なもので、2－2まではストレートとフォーク、意識は半々ずつあるが、2－3になるとどうしても振り遅れたくないと、意識の比重はストレートに傾くものだ。そして2－2のときよりも、なぜかバットを振りやすい。少々ボールくさくても、振ってくるものだ。見逃しの三振はイヤ、という本能的心理も手伝っているだろうが、とにかく2－2よりは2－3のほうがバットを振りやすい。広島から巨人に移った川口和久などは、しょっちゅうフルカウントになるので、ポーカーにたとえてフルハウスなどと呼ばれていたものだ。そこをついて、六球目はフォーク。藤川ほどの球速と、フォークの落差があれば、これでバッターを手玉にとれるだろう。

名勝負の舞台裏――一九八三年日本シリーズ

リードといえば、僕には忘れられない試合がある。一九八三年の日本シリーズ、西武との対戦。ジャイアンツが三勝二敗と王手をかけて迎えた第六戦だ。西武に一点リードされていた巨人だが、九回二死から中畑さんが逆転の三塁打を放つ。三対二、あとは九回裏を守るだけだ。実はその前日、僕と中畑さんと江川で軽く一杯やりながら、青写真を描いていた。

「明日はオレが打つぞお！」

と中畑さんがいえば、

「じゃあ、最後はオレがリリーフで締めますよ」

と江川。現実の試合でも、中畑さんが逆転打を打つのだから、おいおい、筋書き通りだよ、江川がやってくれるよ……と、優勝が見えてきたものだ。その江川にしてもすでに、登板に備えてブルペンで肩ができあがっている。

だが、当時の藤田監督、王助監督、牧野コーチという、いわゆる〝トロイカ体制〟の首脳陣は、逃げ切りのマウンドに西本を指名する。あれっ？と思った。実は西本は、三勝三敗にもつれたときに備えて、第七戦の先発が決まっていた。二日前の第五戦で完投している西本だが、翌日は雨の予報だったから、かりに第七戦に先発するとなると中三日になりそうだ。確かに西本はこのシリーズ、いずれも完投で二勝している。そのうち一つは完封だったから、江川がピリッとしなかったこのときの巨人にあっては、もっとも頼れる切り札ではあった。大活躍の西本に逃げ切りを託し、花を持たせてやろう、という首脳陣の気持ちもわかる。

ただ西本にしてみれば、心はすでに第七戦の先発に飛んでいた。そこへいきなり、逆転した場面で「リリーフでいけ」では、心の準備がほとんどできていない。このシーズン、江川は十六勝、西本が十五勝と、どちらもエースとしてすばらしい成績を残しているが、自分としては、あの場面は江川ではなかったかといまでも悔いが残っている。

それはそれとして、西本の真骨頂は、いうまでもなくえげつないシュートだ。それが、日本シリーズに入ってますます切れ味を増していた。西武のベテランバッターは、内角球に腰の回転がついていかず、おもしろいように引っかけ、内野ゴロを量産してくれた。完投から中一日のこの日も、さすがに一〇〇パーセントのデキとはいかないが、まだまだシュートはキレていた。江川が締める筋書きとは違うが、このキレなら、もしマトを絞られてもそうそうは打たれない、よし、シュートの連投でいこう。なにしろ、三人アウトにすれば日本一だ。

まずワンアウトをとって、あと二つ。山崎裕之さんには、思惑通りシュートでゴロを打たせた。ところが、飛んだコースが悪かった。三遊間を抜ける。片平晋作さん、鈴木葉留彦さんという左の代打には、ゲッツー狙いのシュートをうまく合わせられて一死満塁。打席には石毛宏典が入る。これも、シュートを詰まらせた。三遊間のゴロ。してやったり、ゲッツーで日本一……のはず、だった。ところがところが、西本のシュートがキレすぎていた。詰まらせたのはいいのだが、当たりが悪すぎてボテボテ、ショートの石渡茂さんが打球を捕ったときには、どこにも投げられない。内野安打だ。同点だ。

ヒットを四本打たれたのは、いずれもシュートである。だけど、自分のリードが悪かった、とは思わない。確かに、十球中八球は西本にシュートを要求した。カウントを稼ぐのも、決めダマもシュートだった。相手はそれを読んでいた、という指摘もある。だが、西本のシュートのキレならばそれもむしろ計算のうちで、思うツボである。どうぞ手を出してください、内野ゴロが関の山……というつもりだった。ましてピッチャーとは、人一倍プライドの高い人種である。シュートで勝ってきた男が、最後の最後にカーブで勝ったとしても後味は悪いだろう。

このイニングの西本は、思惑通りのタマを投げ、相手もまんまとひっかかってくれた。だが結果的には、たまたま打球が悪いところに飛んだ。クリーンヒットはさほどない。たまたま、内野安打になった。ほんのちょっとした偶然で、日本一のはずが同点になってしまう。かと思うと、やられた！と思った打球が野手の正面に飛んでくれたりすることもある。技術で差がつくのは一点だが、偶然では四点の差がつく……という言葉もあるのだが。その晩は、思ったものだ。外のまっすぐでカウントを整え、シュートは決めダマにすべきだったのか……その答えは、結局永久に出ない。

延長にもつれたこの試合で、十回裏のマウンドに立ったのは江川だった。筋書きからは、一イニング遅い。結果を先にいうと、江川は二死二塁から金森栄治にサヨナラ打を浴びた。ここでもカーブを三球続け、その三球目をはじき返されている。このリードも、マスコミにいわせると謎だという。だが、このシリーズで本調子にない江川は、ストレートが走っていなかった。さらに、もともとが先発完投型である。不慣れなリリーフでコントロールが定まらず、ストレートではストライクをとるのに四苦八苦する状態だ。四球で塁を埋めるのも怖いし、それならばカーブを使ったほうがいい。結果はともかく僕にとっては、謎でもなんでもない判断だった。

この年の日本シリーズは、西本が先発した三勝三敗の第七戦も、西武が七回に三点とって逆転勝ち。第三戦からすべて終盤の逆転で試合が決まった内容の濃さや、巨人と西武の盟主争いということで、日本シリーズ屈指の名勝負といわれているが、もしかしたらそれを演出したのは、西本に対する僕のリードだったかもしれない。

江川のあの一球

もう一つ、忘れられないシーンがある。一九八七年九月二十日、広島戦で小早川毅彦にサヨナラ2ランを浴び、江川が引退を決意した一球だ。江川の話ばかりで恐縮だが、なにしろ六大学の同期生である。一九七七年のドラフトでは、巨人が江川を一位指名するはずが、クラウン（現西武）が強行指名して、僕が代わりに一位。江川は結局一年間浪人し、翌年例の〝空白の一日〟で僕から一年遅れで巨人入りした。そんな縁もある。

一九八七年のあの試合だが、優勝が目前だったせいもあり、江川はめずらしく気合いが入っていた。ふだんならスタミナを温存するため、カーブばかり投げたがるのに、最初から飛ばしていた。ストレートは一四五キロには達していただろう。いつもより表情も真剣だし、なにか心に期するものがある感じだった。現に、八回まで広島打線をわずか三安打、小早川のホームランによる一点だけに抑えている。三振も七つ、全盛期に近いデキだった。そして、二対一と巨人一点のリードで迎えた九回裏。二死から高橋慶彦を内野安打で出して、打席に小早川を迎えた。

小早川が、まっすぐ一本に絞っているのはミエミエだった。打席の立ち方、ステップのタイミング一つとっても、ストレート狙い。ここに、変化球を投げればいちころだ。それは江川も気づいていたはずだ。マスク越しに会話する。

「カーブでいこう」

「イヤだよ」

「ストレート？　狙ってるのがミエミエなのに？」

「そう」

「もう……しょうがねえなあ、じゃあ長打のないように外いっぱいな。今日はホームランも打たれてるんだし、一発食らえばサヨナラだぜ」

「外まっすぐだな？　わかったわかった」

キャッチャーとて人間である。絶対にカーブが正解と思っても、ピッチャーの投げたいボールを投げさせることがままあるのだ。

ところが……江川が投じたストレートは、外いっぱいのはずが、なんとインコースにきた。これを小早川は「待ってました！」とばかりに強振し、打球はライトスタンドに一直線。劇的なサヨナラホームランとなってしまった。

一九八五年ごろからずっと肩痛に悩まされ、それが限界近くなっていた江川は、この試合に自分の進退をかけていたのだと思う。その判断基準は、怪物といわれた自分のストレートが、どこまで通用するかだった。だから、小早川がまっすぐ狙いだとわかっていても、僕のカーブのサインに首を振ったのである。

そして、外のまっすぐという要求に納得したふりをして、内角へ真っ向勝負にいった。江川ほどのピッチャーになると、外に投げるつもりのストレートを内にコントロールミスすることはありえない。このタマはだれも打てないはずなんだ、打てるものなら打ってみろ、とインコースに渾身のボールを投げて、玉砕したのである。このオフ、引退表明。もしこのストレートで小早川を三振に打ち取っていたら、江川の引退は少なくともあと一年は延びていたと僕はニラんでいる。なにしろ全盛期を過ぎ、肩の痛みに悶々としながら、一九八七年の江川の勝ち星は十三。やはり、タダ者じゃなかった。

テレビで見分けるリードのよしあし

どうして小早川がストレートを待っていると確信できるのだ？と疑問を抱く方もいらっしゃるだろう。テレパシーでもあるまいし、なぜ、わかるのか。ちょっと、テレビの野球中継を思い出してほしい。センターからのカメラで、キャッチャーの表情がアップになることがよくある。バッターの表情を見上げたり、足元を見つめたり、その視線が忙しく動くのがわかるはずだ。キャッチャーがまず見るのは、打席内の立ち位置だ。基本的には打者は、ストレート狙いは後ろ（キャッチャー寄り）に、変化球狙いは前に立つ。ストレートは数センチでもマウンドから遠く、変化球は変化が少しでも小さいうちに打とう、という寸法だ。もっともこれを逆手にとって誘いをかける、芸の細かいバッターもいるのだが。

表情を見るのは、選手によっては感情をそのままオモテに出すからだ。たとえば打ち気がないと見たら、一球目に打ちごろのカーブを放らせる。感情がオモテに出る選手だと、もろに〝しまったあ、カーブ、狙っていたのに！　初球からきたか〟という表情をすることがある。こちらにとってはシメシメだ。この時点でカーブ狙いということがわかれば、心理戦で一つアドバンテージを得たことになる。おもしろいのは、一球ごとにそそくさと足元をならすバッター。打席に残るステップのあとをヒントに、キャッチャーが相手の狙いダマを推理するのをイヤがるのだ。

そして、推理の決め手となるのは、ボールを見逃すときの動きである。たとえばストレートを見逃したとき。動きのタイミングが微妙に遅かったら、これは明らかに変化球狙いだ。逆に、カーブを見逃すときにタイミングが早かったら、ストレート狙い。キャッチャーは、マスク越しにそこまで見ているというわけである。一四〇キロを超すボールを受け、同時にバッターのささいな動きも見逃さない。ファンの方には信じられないかもしれないが、プロならばごく当たり前のことだ。

こうやって頭脳をフル回転させ、ちょっとした動作も見逃さずに情報として整理し、丁々発止の心理戦を繰り広げて、われわれはリードを組み立てていく。その過程はいたって複雑で、一般の方にはリードのよしあしはなかなか理解しにくい……というのは冒頭に書いた通りだ。ただ、テレビ桟敷にいながら、キャッチャーのリードのよしあしを判断するツボは、あることはある。それはいたって単純、ピッチャーが、サインに首を振るかどうか。その回数が少ないほど、いいキャッチャーだと思っていい。

情報収集、状況判断、心理分析、そして経験に基づき、緻密に計算して出されたサイン

キャッチャーは，様々な情報を収集・分析し，リードを組み立てていく

だからこそ、ピッチャーは納得し、信頼する。だから、首を振らない。ただし、なんでもかんでもキャッチャーまかせでは、ピッチャーも成長しない。とくに、キャッチャーが年上で経験豊富なとき、若いピッチャーはなかなかサインに首を振りにくいものである。むしろ首を振るくらい、自分の考えを持っているほうが頼もしい。とにかく、オレのいう通り投げろ！　ではなく、ときには、若いピッチャーに考えさせるようなさじ加減も必要だ。

第8章 キャッチャーは、知恵を働かせる

〝悪太郎〟からのアドバイス

一九七八年の巨人入り当時、プロの心得を教えてくれたのが堀内さんだったことは前にふれた。

「巨人は、ほかのチームとは違う。まず、マスコミにはいらんことは話すな。それから、自分の行動に責任を持て。勝つことが宿命だから、しっかり勉強しろ……」

相手は、この年で十三年連続二ケタ勝利をあげることになる巨人のエースである。こちらは、大学出たてのぺーぺーだ。いまにして思えば堀内さんは、デビュー当時、破天荒な発言で〝悪太郎〟と異名をとったものだ。その人が、よくしゃあしゃあと「いらんことは話すな」などといえたものだが、なにせ相手は大投手。ルーキー山倉は、直立不動で聞いたものである。

堀内さんとは、キャンプで相部屋になった。教育係みたいなものだ。そこで堀内さん曰く、

「ピッチャーというのはみんな、球種も持ち味もクセも性格も違う。ブルペンで捕るだけじゃ、性格まではわからない。度胸のいいヤツ、繊細なヤツ、見かけと違って弱気なヤツ……いろいろいる。だから、一人ひとりの部屋を回ってじっくり話をし、それぞれの性格を把握することが必要だ。時間はかかるけど、このキャンプ中に、一人ひとりとじっくり話してみることだな」

そのアドバイスに従って、僕は夜な夜な各先輩投手の部屋を訪ね歩き、とっくりと話を聞くことになる。これには助けられた。人は、外見や、第一印象からイメージするものと、実際の性格が異なることもめずらしくないものだ。たとえば、いかにも豪快に見える選手が、面と向かって話してみるとものすごく繊細な一面を持っていることがあったりする。逆に、一見ナヨッとしていても、芯には強いものを持っていたり。そうした一面を知ると知らないのとでは、リードの組み立て方や、なだめ、すかし、その気にさせる方法も違ってくる。その点、キャンプ地でじっくり話したことは、それぞれの人となりを知るのに多いに参考になったものだ。先輩のアドバイスというのは、貴重なものなのである。

阿部慎之助が巨人に入った二〇〇一年、臨時コーチを仰せつかった。キャッチングやり

ズムなど、練習を見ながら気がついたことを十個ほど箇条書きにして渡したのだが、さすがドラフト一位だと思ったものだ。アドバイスに対して飲み込みが早く、順応性が高い。たとえば、一度構えたミットを、ピッチャーがモーションに入ってから遊ばせる悪いクセを指摘したのだが、その後の紅白戦ではすぐに修整してくる。あれには舌を巻いた。

阿部への十個のアドバイスのうち、プロのキャッチャーとしてのテクニックを披露しよう。それは、低めのボールをキャッチするときには、首を伸ばし、頭を上げかげんにするというもの。頭で死角をつくり、球審から、タマが見えにくいようにしようというわけだ。こうすれば、実際はボールダマでも、頭が邪魔になって、何球かに一球はストライクにとってくれることがあるのである。アマチュア時代ならいざ知らず、プロともなるとこういう〝ずるい〟プレーもメシの種である。ずるいというと人聞きが悪いので、知恵を働かせる、といおうか。

ただ、口でいうのは簡単だが、実際はなかなかむずかしいプレーの一つである。それはそうだ、タマは下へいくのに頭は上へと、正反対の動きをするのだから。しかもそれを、不自然でなく、一連の流れで行うとなると、現役のキャッチャーのうち、モノにできているのは古田くらいじゃないだろうか。もっとも、あまりに露骨に、度がすぎるほど頻繁だと、「コイツ、意図的に見えにくくしやがって……」と、主審の心証を悪くしかねない。

もともと、バッティング主導で始まった野球というゲームで、ストライクとは「いいタマだから打て」という意味だった。ボールは、「これは打つにはむずかしいね」。つまり、ストライクかボールかぎりぎりのきわどいボールというのは、打者にとって打ちにくいという前提なのである。ピッチャーは、そもそもそこを狙って投げているもので、たまたまそこにいくのではない。狙い通りにコントロールされたのに、これがもくろみ通り見逃しの三振になるのと、ボールと判定されるのとでは、月とすっぽんの違いがあるだろう。もちろん前提として、判定は感情で左右されるものじゃないが、少なくとも主審を敵に回すと、いいことは一つもない。

主審の心証という面では、こんなことにも気をつけた。ストライクかボールか、きわどいタマ。どちらともとれるのだが、判定はボールだった。このときには、文句の一つもこぼしたくなる。こぼすのはまあ、いい。だが決して、主審を振り返り、下からねめあげるようにはしないことだ。自分に置き換えて思えば、下から威圧的に目で訴えられたら、あまり気持ちのいいものじゃない。審判だって人間である。不愉快な気分にさせたら、ストライクかボール、どっちともとれるタマがもう一度きたときに、また「ボール！」と判定されてしまうことがないとも限らない。

だから僕は、主審を振り返って訴えたくても、グッとこらえた。こらえて、前を見たまま「入ってますよお、頼みますよお」と哀願口調でつぶやく。威圧するのではなく、くすぐるわけだ。審判が内心、「うーん、ストライクかもしれないな」と思ってくれたらしめたものだ。次にきわどいタマがきたとき、ストライクにとってくれる率が少しは上がろうというものだ。また、右打者へのアウトコースのきわどいタマなら、少しでもミットの内側（つまり、手元側）で、インコースなら先っぽで捕球する。少しでもストライクゾーンを広くしてもらおうという知恵だ。

また日本のキャッチャーは、きわどいボールをなんとかストライクに判定してもらおうと、捕ったあと、手首を使ってミットをストライクゾーンに動かす。審判の目をごまかそうという涙ぐましい、まあせこいといえばせこい手だ。これも、まだうぶな野球少年時代に身につけさせられた習性で、白状すれば僕もやっていた。だけど、ミットを動かしたからって、審判はミットの位置を根拠にストライクの判定をするわけじゃない。むしろ、〝あっ、コイツ動かしやがった。ボールくさいんだな〟と、そのままならストライクと判定してくれたかもしれないのに、逆効果にもなりかねない。

そこへいくとメジャーのキャッチャーは、投球をパシッと捕ったらそのままである。手首を使わず、ヒジで捕るイメージだ。きわどいコースでもそのまま。どうだいこのタマ、ストライクだろっ！　さあ、判定してくれ、という感じだ。どちらがいい、悪いではないが、審判にとっては大リーグ式のほうが見やすいのは確かだろう。日本のキャッチャーでキャッチングがうまいのは、僕の見るところ谷繁だ。日本ではめずらしく、ミットを動かさないタイプ。審判の方に話を聞くと、谷繁のキャッチングはボールが見やすいそうである。

ときには理不尽も必要か

知恵というのは辞書によると「物事の道理を判断し処理していく心の働き。物事の筋道を立て、計画し、正しく処理していく能力」のことである。テストができる、できないという頭のよさとはちょっと違う。サラリーマンの世界にもいるはずだ。物事の段取りがよくわかり、その場の空気や人間の機微に目が行き届き、人に先んじて気働きのできる人間。そうした人間が、必ずしも一流大学を出ているとは限らない。

大学というと……東邦高校時代、野球部員には勉強合宿というのがあった。勉強と野球を両立しろ、という阪口監督の考えからで、夏休みの期間、昼間は野球をやって夜は勉強である。一年から三年まで続くのだが、なにしろ暑いなか練習してヘトヘトである。可能ならすぐにでも寝床に入りたい状態なのに、そこから机に向かうのはつらかった。それでも、落ちそうになるまぶたをこすりながら勉強したものだ。僕が進学を希望した当時の早稲田大学は、スポーツ推薦枠がなく、一般受験で入るしかない。高校時代に、野球部のセレクションは受けるのだが、そこで認められても、入試で優遇されるわけでもない。

だから受験対策の勉強をして、試験を受けるしかない。とはいえ、強豪高校で勉強合宿までやっているところはあまりなかっただろうと思う。同じ年、江川が慶応の入試を受けて失敗するのだが、慶応も早稲田と同じで推薦がない。僕らにすれば、江川が落ちるのも当然、と思ったものだ。そんなだから晴れて早稲田に合格したとき、野球部の同期入部者には、一浪や二浪はざらにいた。なかには超難関の政経学部の者もいたくらいだ。

当時の野球部には、早稲田に安部寮という寮があった。ご多分にもれず、下級生の間はさまざまな当番がある。掃除、電話、風呂……そのほかにも、寮にいると先輩になにかとこき使われるものだから、われわれの年代は、できるだけ授業にたくさん出るようにした。ふつう体育会というと、なるべく出席する授業を少なくしようと、履修科目をぎりぎりにするだろう。あげく、いざ卒業となって単位が足りず、青くなる……なんて話をよく聞くが、僕たちは授業優先だった。学生の場合授業が本分だから、そのために寮にいなくても、先輩たちも文句はいえないのである。これも知恵、だろう。

ちょっと大学時代の話を続けると、僕は一年の春からレギュラーになった。そのせいか、ポジションを奪われるかっこうになった四年生の先輩から、なんの理由もなく殴られたこ

早稲田大学入学後，1年生の春からレギュラーになった。しかし，ポジションを奪われるかっこうとなった先輩から理由もなく殴られることも。当時の大学野球では，そんな理不尽がまかり通っていた

とがある。昔の体育会というと一年奴隷、四年神様……みたいな風潮があって、そんな理不尽がまかり通っていたものだ。こちらに手落ちがあったり、失礼があって殴られるのならまだわかるが、そうではなく本人の虫の居所や、ポジションを奪われたねたみで殴られたのではたまったものじゃない。こんなヤツに負けてたまるか……と思ったものだ。いまの大学には、そんな軍隊のようなしきたりが残っていないことを願っている。

理不尽というと、明治大の島岡吉郎御大には参った。応援部出身で、試合中は「なんとかせい」が口癖の名物監督だった。島岡さんが日米大学野球の監督を務めたとき、明治のキャッチャーをメンバーに選んだことがある。明らかに僕のほうが成績がいいのに、僕は選ばれなかったのである。ひいき目ではなく、客観的に見て僕が選ばれないのはおかしい、という人選だ。島岡さんのサインはしごく簡単で、リーグ戦中よく見破っていたのだが、その腹いせではないかと僕は思っている。

「キャッチャーは小さなフォームで」はウソ

ちょっと話がそれてしまった。ともかく、「きわどいボールには、ミットを動かさないほうがいい」という知恵は、たとえば少年野球の指導者などにも知っておいてほしい。知ったかぶりの指導によって、ウソの常識を信じ込んでしまうと、子どもたちの習性はなかなか治らないからだ。日本の野球には、一見もっともらしいウソが多いと僕は思う。たとえば、キャッチャーのスローイング。日本では、ヒジを曲げて耳のわきから投げるのが一般的だが、メジャーではきちんと肩を回して投げている。なぜ日本のキャッチャーは、そういう投げ方になるのか。それは、まるでナントカの一つ覚えのように、子どものころから「キャッチャーの送球は耳のワキから」とたたき込まれるからだ。フォームを小さくしたほうが、コンマ何秒かでも送球時間を短縮できる、というわけだ。

だがこれは、常識のウソである。僕は肩を回して、いわばメジャー方式で投げるほうだったが、投球を捕ってからセカンドへボールが届くまでの時間はトップクラスだった。だからキャッチャーは小さなフォームで、という決まり文句のあやしさを、身をもって実感している。確かに、テイクバックをとらず、耳のわきから小さいフォームで投げれば、腕を回して大きなフォームで投げるより所要時間は短縮できる。だけど、大きなフォームのほうが強いタマを投げることができる。厳密に計算したわけじゃないが、数字的にはほとんどチャラになるのではないか。つまり、キャッチャーは小さいフォームで……というのは、あまり根拠のない話なのだ。

四十－五十代で、かつて野球少年だった人は、その時代を思い出してほしい。真夏の炎天下でも、練習中は水を飲むなとか、肩が冷えるから水泳などはもってのほか、などと大まじめにいわれたでしょう。いまそんなことをいったら、ナンセンスきわまりない。脱水症状というトラブルを防ぐために、夏に限らず指導者は「水を飲め」とうるさくいう。積極的休養やトレーニングのためには、水泳が効果的なことも実証されている。「耳のワキから投げろ」というのも、「水を飲むな」と同じように、迷信にすぎないのだ。

ほかにもたとえば、盗塁するときランナーはバッターを見るな、という。顔を動かすことで、走るスピードが落ちるという理屈だ。だがこれもウソ。ひたすら視線をまっすぐにしたときと、打者のほうにチラリと顔を向けたときを実際に計測してみると、スピードにはなんの変化もないのである。それならば、打者の様子や打球の行方を確認しながら走ったほうがいいに決まっている。ランナーがスタートするときは左足から、というのもウソ。これも何度も計測したのだが、重心を右足にかけ、その足を小さくステップしてスタートするほうが速いのだ。もし子どもたちに野球を教えている方がこれを読んでいたら、また仕事がうまくいかないときには、古くから常識といわれてきた定説を、一度疑ってみることをオススメする。

第9章 キャッチャーは、勝負をあせらない

遊びダマはなぜ必要か?

ポンポンとストライクをとり、2―0や2―1というボールカウントになると、キャッチャーは意図的にボールを投げさせる。いわゆる〝遊び〟というものだが、ムダのように思う方もいるだろう。確かに、三球目もストライクを投げて、さっさと打ち取るほうが効率的だ。ところが、野球中継を見ていればわかるように、打者を追い込んだバッテリーは、たいがい〝遊ぶ〟。

バッターの本能として、ボールを遠くへ飛ばしたい、だけど三振はしたくない、というのがある。2ストライクをとられると、ますます三振したくない思いが強くなる。すると、2ストライクまではボールを遠くへ飛ばしたい、強い当たりを打ちたい、と思っていたのが、とにかくバットに当てることに気持ちが傾く。そこできわどいコースに投げられれば

いいが、少々甘いコースに入るストライクなら、バットに当てられ、ヒットゾーンに飛ぶ確率が高くなる。だから、一球〝遊ぶ〟わけだ。

もしピッチャーが、自分の思うまま、狙ったコースに百発百中で投げられるのなら、遊ぶ必要などない。2ストライクまでのストライクよりも、さらに厳しいコースに投げられるのであれば、2－0から三球勝負でもいい。だが、厳しいコースというのはボールかストライクかギリギリだから〝厳しい〟わけで、そこに一〇〇パーセントコントロールするのは、プロといってもかなり困難だ。もし2ストライクまでのタマよりも甘くなれば、打者にとって難易度が下がることになり、痛打されるリスクも高くなる。遊ぶのは、そのリスクを避けるためだ。追い込んだからといって、詰めを急いでは仕留め損なうわけだ。

遊ぶときは、外角の低めに外すのがよくあるパターンだ。かりにコントロールミスして、少し内に入っても、大ケガが少ないのである。ただ、遊ぶにも明確な意図を持つべきだ。たとえば、内角高めのストレートで1ストライクをとり、内角低めに落ちるボールで2ストライクをとったとする。このとき打者の視線と意識は、内角にある。そこで外角に外すと、少々甘い外角でも遠く感じられるものだ。そうすると、意識の比重が外に向くから、2－1からの四球目でまたインハイにストレート。わかりやすくシンプルな例で説明したが、これで打ち取れる確率はかなり高い。

三振をとる秘訣とは？

ピッチャーの究極の理想は、二十七人の打者をすべて一球で料理し、二十七球で完全試合という。三振をとるには最低でも三球かかるが、初球を打たせてアウトにすれば一球ですむ。球数を少なくし、省エネするのはピッチャーの重要なテーマだから、ばったばったと三振をとるよりも、打たせてとるピッチャーのほうが賢いといえるかもしれない。とはいっても、どうしても三振をとりたい局面というのがある。一点を争う場面。三塁に走者がいて、外野フライも打たれたくない状況がそうだ。

そんなとき、三振をとるにはどうするか。意外に効果的なのが、ことにホームランがない打者ならば、一球目を甘いボールから入る、ということだ。もちろん条件はあるが、打者心理として初球からはなかなか打ちにくいものだ。たとえば甘いスライダーだとしても、打って引っかけてしまうのがもったいなくて、手を出しにくい。かりに打ってきたとしても、バッターの打率は三割がいいところ。つまり、打ち損じてくれる確率が七割あるわけだ。

クリーンアップなどの主軸打者でも、たとえば前の打者が二球目を凡打でもしていると、「自分が初球を打って凡打なら、三球でツーアウトか……」という意識があり、初球を狙うにはどうしても二の足を踏みがちだ。キャッチャー山倉はその気配を読んだら、初球真ん中にカーブを投げさせて、まずストライクを稼ぐだろう。さすがに、真っ直ぐから入るのは怖い。ここでストライクをとれれば、二球目はボールでもいい。外角に逃げるスライダーか、あるいはストレートを外いっぱいに。うまくきわどいコースに投げられれば、手を出してファウルにしてくれることもある。

バッター心理として、初球に甘いカーブでポンとストライクをとられると、しまった、こんなに甘いタマがくるのか……という気分が多少尾を引くものだ。それだけで、バッテリーのアドバンテージになる。キャッチャーにとって、打者があれこれと考えてくれれば、しめたものだ。もちろん裏をかいて、あえて初球を狙ってくるケースもありうる。だが、カーブはストレートよりも凡打する確率が高い。そのリスクを犯してまで手を出してくるのは、可能性としては低いだろう。

逆に、ファーストストライクがあまりにいいタマすぎると、かえって首を絞めてしまうことがある。簡単に2－0と追い込んでから、フォアボールを出すケースがあるが、まさに首を絞めている例だ。観ている人にとって、プロともあろうものが、2－0から四球とは……と考えがちで、現に守っている野手もイヤな気分になる。だが、思いのほかきわどいコースでストライクをとってしまうと、ウイニングショットにそれ以上のタマを投げられる保証はない。

まあ、先に書いたように、七割の確率で打者を打ち取れるのだが、それでもバッテリーというのはときにマイナス思考になる。決めダマが、カウントを整えたタマより甘くなると、打たれてしまうのでは……と考えるのだ。実際、打者にも、きわどいコースに一球対した感覚が残っている。それが物差しになって、そこから外れたら手を出さないだろうし、それより甘くなるとたたかれるリスクがある。だから、厳しいコースを狙いすぎて、2－0からでも四球になることがあるわけだ。

コントロールに自信のあるピッチャーなら、五球のうち四球は狙ったコースにいくだろう。だが、スピードが持ち味の本格派は、それが三球に一球になる。その一球を、いかに有効に使うかが勝負だ。最初から厳しいコースにきっちり入ってしまうと、いざ勝負というときに甘くなる確率が高くなる。一番いいタマは、先に使ってしまわずに決めダマとしてとっておきたい。そこから逆算で発想していくと、まずは多少甘く入り、2ストライク目はできればファウルを打たせ、さらに二、三球ボールを投げて打者に考えさせる。そして、決めダマ。これが三振への近道だ。

内外、高低、角度、そして緩急

ホームベースの幅を四三センチ、ボールの直径が七センチとすると、ストライクゾーンの左右は五七センチということになる。この幅を目一杯利用するのも、リードのポイントだ。バッターというのは、どちらかというと内角を意識してボールを待つように思う。バットには長さがある。外角のタマなら、ふつうにスイングすればボールをさばけるが、内角にくればくるほど、芯に当てるためにはポイントを前にする必要がある。だが、そのポイントで打っては、打球はフェアゾーンに飛ばず、三塁線のファウルになる。かといって、手元に引きつけようとすれば、バットの芯を外れ、そこを無理して芯に当てようとすれば、スイングが窮屈になる。つまり打者が内角を意識するのは、それだけ内角のボールがさばきにくいからだ。

ということは、打者が構えたときのグリップエンドあたりにいいボールを投げられれば、バッターは十分なスイングができないことになる。つまりインコースは、さほどのリスクもなく、簡単にファウルでカウントをもらえるコースといえる。またインコースに投げ、打者の意識と目線を内に引きつければ、組み立ての幅が広がってくる。次は楽に外角に投げられるし、打者に「外だろう」と思わせておいて、もう一度ズバッとインコースでも有効だ。打者の内角を思い切ってつけるかどうかが、プロの投手として大成する条件の一つだ。

組み立ての例として、初球はインハイにまっすぐを。打者の意識はもともと内角にあるし、かりに振ってきても、ボールにキレがあればまずファウルで1ストライクを稼げる。二球目は、セオリーとして対角線、つまりアウトロー。内、外と投げ分けて、打者を揺さぶるわけだ。そして2－0となっても、決して詰めをあせらない。もう一度インハイ、グリップエンドのあたりに外して、打者の目線をちょっとあげておく。そうすると、ここからの選択肢が豊富になる。決めダマとしてインコース低めにフォークでも、落差のあるスライダーでもいいだろう。ただしインハイというのは、一つ間違えて甘く入ると、長打のリスクも高くなる。キャッチャーは、そのピッチャーのタマのキレや調子を見て、組み立てに生かしていくのである。

組み立てにおいては、左右の揺さぶりとともに高低の揺さぶりもある。よく「高めは禁物」という言葉を聞く。だが、すべての球種でもっともスピードが出るのが、高めのストレートだ。高めいっぱい、ストライクかボールかの境界線あたりは、もっとも生きたタマが投げられるゾーン。軌道が一直線で下を向かず、ボールが失速しないのだ。江川にしても、松坂大輔（西武）にしても、高めのストレートで空振りさせられるからすごいのである。確かに、ベルトのラインあたりの高さはバッターの思うツボだが、高めはなんでもかんでもダメ、というわけじゃない。とくにいまは、僕らの現役時代よりも高めのストライクゾーンが広がっているのだから。

打者に対しては、インハイとアウトローの対角線がまずはセオリーだ。きちんと低め、低めに組み立てるのも大切だが、低めばかりでは打者がボールとの距離感をつかみやすくなる。低めのボールに、目が慣れるわけだ。低めならリスクは低いが、ファウルで粘られたりするうちに、いずれはヒットゾーンに飛ぶこともある。そうならないように、距離感を変えるのが大事だ。低めにいっている目線を惑わせる、つまり、高めに投げるのである。インハイか、真ん中高めに生きたタマを放らせると、多少ボールでも打者が手を出してくれることもある。

内外、高低のほかにも、組み立ての要素になるものに角度がある。変化球は、三種類に大別できる。カーブやスライダーなど、打者から外に逃げていくもの、シュート、スクリューなど打者に食い込んでいくもの、そしてフォークなどストレートと同じ軌道で落ちるもの。この三種類の変化球とストレートをいかに組み立てるかが、キャッチャーの腕の見せどころだ。そして、忘れてはならない要素に、緩急がある。

少し前になるが、オリックスなどで活躍した星野伸之というピッチャーは、ストレートは一三〇キロそこそこしかないのに、けっこう三振をとっていた。逆に、ジャイアンツにいた西山一宇のように、一五〇キロのボールを持ちながら打ち込まれるピッチャーもいる。スピードがすべてじゃないのだ。じゃあなぜ、星野が三振をとれるのか。一五〇キロを投げるピッチャーの、カーブは一二〇キロ、スライダーは一四〇キロだとする。星野の場合はストレートが一三〇キロでカーブが九〇キロ台、フォークが一一〇か一二〇キロ台。数字こそ違うが、緩急の幅としてはほとんど同じだ。

さらに星野は、ぎりぎりまで打者からボールが見えないようなフォームを工夫した。いまでいえば、ソフトバンクの和田毅がそうだろう。打者は、ボールが見えてから反応するのだから、その時間を短縮すれば、相対的にスピードは上がる計算だ。またストレートとカーブ、フォークが、すべて同じ腕の振りからくる。緩急をうまく使えば、打者の体感スピードを、一五〇キロのピッチャーとさほど変わらなくすることもできるのだ。むしろ、先に名前を出した西山などは、腕の振りがアーム式で、ボールがバッターから見えやすいタイプだった。体感スピードとしては、星野とどっこいどっこいだったかもしれない。

僕は、どちらかというとタテの変化を組み立てに使うほうが好きだったから、いまだったら松坂をリードしてみたい。一五〇キロを超すストレートと、一四〇キロ近いスライダー、それにフォークとチェンジアップ……日本を代表するエースに間違いない。メジャーリーグを見ていて気がつくことだが、いくら速いストレートとスライダーがあっても、いまはなかなか通用しないものだ。ストレートとスライダーだけでは、緩急の差があまりないからだと思う。いまメジャーで好成績を上げるのは、落ちるボールを有効に使うピッチャーだろう。そこで僕が松坂をリードするなら、もっとカーブを使いたい。ゆるいボールを投げさせるのは勇気がいることだが、有効に使えば、スライダーよりも空振りがとれるはずだ。

キャッチャーは料理人である

この章では、ちょっと話がむずかしくなってしまった。いいたいことは、有利な状況になっても、決して勝負をあせらないことだ。有利な状況だからこそ、それを利用して、じっくりと万全な手を打つ。サッカーなら、ゴールキーパーと一対一になったからといって、あせって遠い距離からシュートを打ってもなかなか得点は入らない。キーパーを引きつけ、反応できない距離から打ったほうが、得点の確率は上がる。九十九里をもって百里の半ばとする、という言葉があるように、ビジネスでも成功が見えてからの詰めが大切だろう。

こうやって、リードについてこれまで漠然と考えていたことを文章で表現するうちに、あらためて思ったことがある。キャッチャーのリードとは、料理ではないか。ピッチャーという素材を生かして、どうやっておいしい味を引き出すか、ということだ。ピッチャーがすばらしいデキで、相手は手も足も出ず、だれがリードしても勝てるようなこともある。とれたての魚をさばき、刺身にすればそれで絶品の料理になるようなものだ。だが、それだけいい食材が手に入ることはめったにない。むしろ、手に入った食材でやりくりするしかないことが多い。そこでモノをいうのが、料理人たるキャッチャーの腕なのである。

ピッチャーの調子がいま一つ=望みの食材が手に入らない。それでも、悪いなりのピッチング=おいしい料理を提供するのがキャッチャー=料理人である。もちろん、教科書通りのレシピはある。その通りにやれば、包丁をにぎったばかりの新米でも、かっこうだけはつく。だが、それでは通り一遍の味にしかならないだろう。素材のよさを最大限に引き出すには、微妙なさじ加減から盛りつけの美しさまでに目を配る経験がなくてはならない。キャッチャーには経験が不可欠、といわれるのはそこである。経験を積んで初めて、料理人としての味が確立するわけだ。

第10章 キャッチャーは、忍耐強い

作新学院の〝怪物〟

プロ野球の選手でも、高校時代に甲子園の出場歴がないと、初めて甲子園で試合をするときは一種独特の感動があるという。ここがそうなのか。高校時代、あれだけしんどい思いをしてめざしてきた場所なのか……という思いが募るのだろう。蔦がからまり、風格を感じる外観。そそりたつようなスタンド。緑のじゅうたんのような、外野の芝生。大スコアボード。浜風。選手によっては、プロ入りして初めて足を踏み入れた甲子園で、スパイクについた土を、しばらくとっておくこともあるという。まさか球児のように、手でかき集めるというわけにはいかないから、せめてスパイクについた分を……というわけだ。

僕は高校時代の一九七三年、春夏と甲子園に出場している。センバツは、ベスト8。のちにプロ入りする永川英植というピッチャーがいて、この大会で優勝する横浜に敗れた。

夏は、高知商に初戦で負けた。悔しかったが、ああ、これでしばらくはキツイ練習から解放される、と思ったものだ。オイルショックで大騒ぎになり、ジャイアンツが九連覇を果たすこの年の甲子園といえば、なんといっても江川だろう。この年、競馬の世界で怪物と騒がれ、一躍アイドルとなったハイセイコーと並び称される、まさに怪物だった。

栃木・作新学院二年のときから、江川の存在はウワサになっていた。夏の県大会で初戦をノーヒット・ノーラン、第二戦が完全試合という、とてつもないピッチング。しかし第三戦、九回までノーヒットに抑えながら、延長十一回に連打とスクイズで一点をとられ、甲子園への道を閉ざされた。だが、新チームがスタートしたその秋は、パーフェクト二つを含む八つのノーヒット・ノーランを達成し、十五試合一一一イニングで奪った三振は一九四。センバツに乗り込んできたときは、どこが江川から点をとるかに興味が集まっていた。

僕にしても、初めて江川のボールを見たときにはびっくりしたものだ。高校生とはまるで思えない。とにかく、伸びが違うのである。その江川、三試合連続完封のあと、準々決勝で広島商に初失点を喫し敗れたが、四試合で合計六十奪三振は、いまも残る大会記録だ。その夏も県大会を無失点で勝ち上がってきた江川は、二回戦で延長十二回押し出しサヨナラで敗れるが、一回戦の途中まで一四五イニング連続無失点だった。センバツの初戦では、なんと十九奪三振。バットに当てるだけで観客から拍手が起きたから、すごいヤツである。

野球ファンはよく、この高校時代の江川が一番速かったというが、そんなわけはない。それは、高校からすんなりプロ入りしていたらどうだったかな……というファン心理がいわせるもので、そもそも高校生には、江川と比較するピッチャーがいなかった。実際に六大学で対戦し、ジャイアンツではそのタマを受け、ほかの一流ピッチャーのタマも見ている僕からしたら、プロ入り一、二年目が一番速かったと思う。真ん中高めにまっすぐを放っておけば、打たれないのだから。

その江川は、一九八七年に引退してから、ずっと現場を遠ざかっているが、近いうちにジャイアンツの監督をやってほしいものだ。ファンも、それを待っている。毎年やりとりする年賀状に僕は「そろそろユニフォームを着ろ」と書くのだが、それに対する本人の年賀状も「やりたいね」とまんざらではなさそうなのだ。長い間ネット裏から野球を見て、学んだことも多いはず。きっと近い将来、「監督・江川」が誕生するだろう。そのときは僕も、コーチとして働かせてもらおう。

指摘し合えるチームは強い

ちょっと江川の話で遠回りしてしまった。甲子園の話である。高校一年の一九七一年の夏、東邦高校の先輩たちが出場した甲子園を応援にいってはいるが、一九七三年のセンバツで、自分たちが戦うとなるとまた別だった。とにかく、大会前の甲子園練習で足を踏み入れただけで感動した。なんとまあ、でっかい球場だろう……という、子どもじみた感覚だ。たまたま東邦高校はナイターでの練習となり、ノックで僕がキャッチャーゴロを捕ってピッと投げると、阪口監督が「山倉のタマは糸を引くように……」と報道陣に語ったのを覚えている。前年の夏にキャッチャーに転向したばかりだったが、とにかくバッティングと肩だけには自信があった。大会ではホームランも打ったし、三拍子そろったナンバーワン捕手と評価していただいた。

不思議なもので、練習のときは甲子園という雰囲気に緊張したが、いざ試合になったらアガった記憶はない。とにかく、ふだんからあれだけ練習したのだから……というのが自信になっていたと思う。なにしろ、高校の練習は厳しかった。新入部員が百人入ったとしたら、夏休みには五十人になっていた。むろん練習の厳しさに耐えかねて辞めていくのだが、いまにして思えば、やめさせるための練習をしていたのだ。ボールにさわらず、ずっと走りっぱなしだったり、腹筋を千回、しかも傾斜を利用するから負荷は倍になる。だけど、そういう練習に歯を食いしばって耐えたヤツだけが残るのだから、性根は座っていたと思う。

家から東邦高校までは、電車を乗り継いで一時間ほどだった。グラウンドは、学校からバスで三十分ほどのところにあり、放課後はボールが見えなくなる時間まで練習。最寄り駅までバスで送ってもらい、自宅に着くのは八時ごろだから、時間としてはさほど長くはない。だが毎日、その日の練習をこなすことでいっぱいいっぱいというくらいの密度だった。レギュラーになったからといって練習がゆるむわけではなく、始終監督の目が光っているから、むしろいっそう手を抜けなくなった。

当時阪口監督は、まだ三十歳前後のばりばりである。その怖いこと、怖いこと。週末は練習試合だから、ふだんの練習に比べたら楽なものだが、その代わりもし負けでもしたら大変だった。僕などは、練習試合で打てなくてノーヒットが続くと、試合の途中からベンチで一時間くらい正座させられる。試合中、一人のスライディングが甘いのが目につくと、試合が終わったあと全員で、やめろといわれるまでスライディングの繰り返し。お尻のあたりが、すりむいてヒリヒリする。出かけていった相手先のグラウンドでもやるものだから、相手が気の毒そうに見ていたものだ。ミスがあったら、ミスったヤツを責めるのではない。野球はミスの出るスポーツで、人間だからミスは当たり前だというわけだ。その代わり、チームとしての連帯責任。一人がバントを失敗したら、試合後、全員でイヤというほどバントをする。あるいは練習中のノックなら、他人がミスしたのに、キャッチャーとして手近にいる僕にケツバットが飛んでくる。

理屈もなにもない。僕はキャプテンだったから、殴られた回数もハンパじゃない。阪口監督はのちに、「これまでに一番殴ったのは山倉だ」といっていたという。まったく、冗談じゃない。だが、いまなら「体罰だ！」などと保護者が眉をつり上げ、即刻問題になりそうな指導だが、当時はそういう理不尽が当たり前だったし、強くなるにはそれが必要だと自分たちも思っていた。自主性まかせや科学的トレーニングもいいが、高校生はまだまだ子どもだ。怖い監督が、絶対的な存在であってもいい。かりに自分のミスで僕がケツバットを食らうと、その選手はあとで「ヤマ、悪い！」といってきてくれる。そして、いっしょに理不尽に耐えた仲間には、理屈ではない連帯感が備わってくるものだ。

チームスポーツにおいて、その連帯感は大きい。たとえば、サードがワンバウンドの送球をしてしまった。ファーストがうまくすくい上げてくれたから、結果オーライだったとしよう。だけど、僕らの当時の東邦高校だったら、結果オーライではすまされない。「あのサード、なんちゅうタマを放るんだ！」と、僕がケツバットである。サードにしたら、僕に申し訳ない気持ちでいっぱいだ。となると、僕が痛い思いをしなくてもすむように、全員が一球に集中する。かりにミスが出たら、なぜそうなったかを全員が考え、ときには耳が痛いことでも指摘する。

1973年，春夏連続で甲子園に出場。「三拍子そろったナンバーワン捕手」との評価を受ける。練習のときは「甲子園」という雰囲気に緊張したが，厳しい練習で養われた自信のお陰か，試合中は全くアガらなかった

ユニホーム
水谷ペイント

「ちょっとボールから目を切るのが早いんじゃないか」

「ゆっくり投げても間に合うんだから、あせらずに、きちんとボールを握り直せよ」

選手同士で、こういう会話ができるようになると、チームは強い。おそらく、ビジネスの集団でもそうなのではないか。大きなミスをなくすためには、とるに足らないようなささいな行き違いも、お互いに遠慮なく指摘し合うべきだろう。

列車や飛行機などの大事故があったとき、持ち出される法則がある。重大事故を一としたとき、軽傷の事故が二十九、そして結果的に無傷だった事故は三百にもなるというもので、ハインリッヒの法則というそうだ。つまり、死亡や重傷などという一件の重大災害が発生する背景には、二十九件の軽傷事故と、ヒヤリとしたりハッとしたりする瞬間が三百回ある、ということだ。アメリカのハインリッヒという技師が発表したもので、労働災害の事例の統計を分析した結果として、導き出されたという。

これは、野球にもたとえられる。失点につながる大きなミス以前に、点につながらないミスが二十九回、結果オーライでミスにならないことが三百回ある、ということだ。点につながらなかったからいいじゃないか……と、「ヒヤリ」や「ハッ」としたことをないがしろにしては、いつか重大な失点になる。ビジネスのうえでも、これまではうまくいっていたから……という理由で、小さな不手際を見逃しては、いつか取り返しのつかないことになってしまう。確かに、同僚のわずかな手落ちを指摘するのは、エネルギーのいることだ。カドが立つのを避けるには、見て見ないふりをするのが楽だろう。だが、強くなる集団は、そこをつきつめていくものだ。

高校時代に甲子園に出場できたのは、まだ未熟ながらも、互いのミスを遠慮なくいい合えるチームだったからだと思う。プロ野球選手はたいてい、甲子園に出たにしろ出られなかったにしろ、高校時代に特別な感情を持っているようだ。そのくせ、いくら報酬をくれたら、高校時代のつらい練習をもう一度やってもいいか、などという話をすると、たいがい「一億円もらっても、やりたくない」という。まあ、そういう厳しい日常を過ごしていたから、甲子園には出場できて当然だと思っていたし、いざ甲子園となったら鬼監督も急に優しくなるから、緊張などしなかったのだろう。

僕は長嶋監督の怒られ役だった

高校時代は、多少は理不尽なことでも無条件に耐えてきた。監督がチームを強くするためにやっていることだし、それも必要だとわかっていたからだ。さすがに大学に進むと、自分の人格もしっかりしてくるが、高校時代のとにかく忍耐、という経験は、プロに入っても役立ったと思う。プロ入り当時の長嶋監督時代、試合のシミュレーションを毎日提出していたことは前に書いたが、実戦になればピッチャーの調子も日によって違うし、打ち取った当たりがイレギュラーしたりで、そうそうは思い通りにことが運ぶはずもない。当然、点をとられることもある。

だが、長嶋さんは点をとられるたびにむちゃくちゃ怒るのである。あのかん高い声で、こんなはずじゃなかったじゃないか、というわけだ。一回だけだが、殴られたこともある。それでも僕としては、かりにピッチャーの投げたタマが要求より甘くても、それを口に出すことはできない。もしピッチャーの耳に入れば、せっかく築いた信頼が崩れてしまうだろう。言い訳など、もってのほかだ。ましてキャッチャーは、ダグアウトからもっとも近いポジションである。点をとられたイニングでも、ベンチに戻るのはつねに一番最初ということになる。すると、カッカしている監督の標的にならざるを得ない。いいたいことは山ほどあっても、ひたすら忍耐、忍耐だ。ただ長嶋さんの場合、いくら怒ってもそれはその場限りで、あとまで尾を引かないから、それは助かった。

そうやって怒られている僕を見て、ピッチャーが「オレが高めに投げちゃったのに、かばってくれている……」と思ってくれる。ベンチに戻ってくる野手も、「アイツはえらいなあ。自分だけの責任じゃないのに、犠牲になって怒られ役に徹しているぞ」と、それを見ている。そういうところから、結束が高まっていくのだ。

だけどキャッチャーといえども人間、いつも頭ごなしに矛先を向けられるのは、ちょっとつらくなる。そこであるとき、考えた。点をとられたら、長嶋さんが怒る前にとにかく謝ってしまおう、と。実際にイニングが終わり、ベンチに戻るなりすぐに「すみません！」と、機先を制してまずは謝ってみた。すると、長嶋さんも気勢をそがれたのか、「次回はそういうことのないように」という程度で、さほど怒らなくなった。

人間、先に謝られ、しかもくどくどと言い訳もされないと、怒れなくなるのかもしれない。振り上げたこぶしの下ろしどころがない。たとえば約束の時間に遅れた部下が「すみません！」と謝罪しているのに、「まったくもう……」といつまでもねちねちやっては大人げないし、度量もせまい気がするでしょう。まして、遅刻は電車のトラブルのせいなのに、部下がそれを言い訳にしなかったら、なかなか見上げたヤツ、という感じにもなる。おそらく、企業の苦情処理係などは、そういう機微をわきまえて、苦情に対してまずは謝るのではないか。

僕が現役を引退してからも、長嶋さんは、僕を重宝してくれたと思う。というのも、一九九三年に第二次長嶋政権が誕生したときに、僕をコーチに呼んでくれたのだ。「ヤマ、いまの時代、選手を直接怒ってはシュンとなってしまうんだ。だから、オレが選手に怒りたいときは、すまんがヤマ、怒られ役になってくれ。選手には、〝自分のせいで山倉さんが怒られているんだな〟とわかるようにするから」。僕を通じて、全員にカツを入れるわけだ。つまり現役時代もコーチとしても、僕は長嶋監督の怒られ役だったことになる。

実際、そのコーチ時代、大事な場面では僕がベンチからキャッチャーにサインを出していたのだが、スライダーでボールにしろ、というサインにピッチャーがストライクを投げ、痛打されたことがある。それで怒られるのは、バッテリーじゃなくて僕だ。「何やってんだーっ！」と、大声で罵倒される。それは、ベンチと離れているトレーナー室まで聞こえたようで、あとでトレーナーに「大変ですね、山倉さん」と同情されたものだ。ひたすら損な役回りである。

ただ長嶋さんは、僕を頼りにしてくれたのもまた事実だ。ほかにピッチングコーチがいるのに、「ブルペンの様子を見てきてくれ」「ピッチャーは、だれの調子がいいか」と矢継ぎ早に質問される。かと思うとブルペンにいる僕に、「キャッチャーのリードが悪いから、ヤマ、ベンチに戻ってサインを出してくれ」。試合中はずっと、ブルペンとベンチの往復だった。バッテリーコーチだから、試合日には選手より先に球場に入り、球場を出るのはミーティングをすませて一番最後。ある意味では、現役時代よりもずっと大変なのである。

そして一九九四年、どちらも同率で一三〇試合目を迎え、勝ったほうが優勝という中日との最終戦。いわゆる「一〇・八」といわれる大一番では、前夜徹夜で相手を分析し、全球僕がベンチからサインを出したものだ。なんとかその試合は、槙原、桑田、斎藤という継投でジャイアンツが勝利＝優勝を飾ることができた。おそらく、あの一戦で長嶋さんは、僕を認めてくれたのだと思う。当時現役だった村田真一に向かって「山倉は、すごいコーチだろう?」といってくれたのには、苦労が報われた思いで涙が出そうになった。こうして、一九九三年に就任した巨人のバッテリーコーチは、一九九八年まで六年間続けることになる。

第11章 キャッチャーは、コミュニケーションを重視する

盗塁をめぐる駆け引き

俊足の一塁ランナーがリードを大きくとる。そう、いまならたとえば阪神の赤星憲広を想像してほしい。じり、じりっと二塁をうかがい、ピッチャーはしきりに牽制球で塁に釘づけしようとする。盗塁を警戒して、ピッチャーがクイックモーションで投球。ランナーはそれをかいくぐり、いいスタートを切る。キャッチャーから二塁へ送球――。アウトというリスクを犯して得点圏を狙う走者と、それを阻止したいバッテリー。盗塁をめぐるスリリングな駆け引きは、野球の面白みの一つだ。

一塁のランナーが盗塁を企てたとき。計算上は、セットポジションのピッチャーが足を上げてから、セカンド上に捕手からの送球が届くまで、三・三秒以内ならアウトにできるといわれる。塁間の距離は二七・四三一メートルだ。リードの分を差し引けば、ランナー

が走るのは二五メートルといったところだろう。対するバッテリーは、ピッチャーが投げたタマをキャッチャーが捕り、三八・七九五メートル先のセカンドベース上に送る。ランナーが二五メートル走るのが早いか、送球が早いかは、三・三秒をめぐる攻防というわけである。

ピッチャーが足を上げてから、投球がミットに届くまでは一・二─一・四秒だといわれる。つまり盗塁を刺すために、キャッチャーに与えられる時間は二秒が限界、ということだ。ピッチャーの投球がミットに入ってから、送球がセカンドに届くまで、二秒が目安。自慢じゃないが、僕の現役時代は一・九秒台だった。送球の球速を計れば、初速が一三〇キロはあったはずだ。だけど、ピッチャーが足を上げてから、キャッチャーのミットに入るまで一・五秒かかっては、どんなに強肩のキャッチャーでも、よっぽどじゃないと走者を刺せない。盗塁阻止が、バッテリーの共同作業というのはそこである。ピッチャーが、タイミングのいい素早い牽制でランナーのリードを小さくし、クイックモーションで投げて、どうにかランナーと対等の勝負ができるのだ。

走者を走らせないのがうまかったのは、堀内さんだ。牽制は絶妙だし、セットからモーションに入るまでのタイミングを一球一球ずらすから、ランナーはスタートのタイミングをとりにくい。しかもクイック投法は抜群とくる。僕が受けたピッチャーではほかに、斎藤や桑田が合格だった。逆に、キャッチャーとしてイヤだったのは江川だ。一塁にランナーを置いてもどこ吹く風、クイックで投げようなどとはツユとも思わず、「走られても、次のバッターを打ち取ればいいんだろ」てな感じで悠然と足を上げ、よいしょと放ってくる。当然、ランナーはやすやすと盗塁に成功する。

「オマエは次のバッターを打ち取ればいいだろうけど、こっちは盗塁阻止率がかかってるんだからさ、少しは気を遣ってくれよな。頼むよ」

と、何度泣きついたことか。まあもっとも、そんな願いを聞いてくれるようなタマじゃない。相も変わらず、マイペースでピッチングを続け、それでいてきちんと勝つのだから大したものである。

盗塁をさせないバッテリーとして記憶に残るのは、一九九七年ヤクルトの田畑一也と古田だ。田畑の絶妙なクイックもあり、確かシーズン中は一つの盗塁も許さなかったはずだ。日本シリーズでも、松井稼頭央らが走れなかった西武は思ったような野球ができず、結局ヤクルトが日本一に輝いている。

ただ古田がよく、「僕はそんなに肩がいいというわけやないです」と語っていたように、盗塁阻止に大切なのは、肩の強さだけじゃない。むしろ、投球がミットに入ってから早く投げることのほうが重要だ。いかにその時間を短縮するかに尽きる。そのためには、ボールの握り変えもそうだが、僕がポイントと考えるのは、キャッチャーの足のさばき方だ。送球の基本は、なめらかで、ムダのないフットワーク。これが、捕ってから投げるまでの時間を短縮するカギだ。

僕の場合、盗塁が想定されるケースでは、あらかじめ右足を軽く引き気味に構えた。そして、ボールがミットに届く瞬間に軽く右足を左足の後ろに送り、その勢いを利用して左足を踏み出し、すばやく投げる。もちろん左足を踏み出したときには、ボールはすでに右手にしっかり握られている。なぜ、右足を引くのか。それは、左足の踏み出しをスムーズにするためだ。キャッチャーは、必ず右足から始動するのが鉄則だ。バント処理でもそうだし、あるいは三盗を刺すときには、まず右足を左足の後ろに引き、左足を三塁方向に踏み出して投げる。

ちょっとキャッチャーのようにしゃがんでみてほしい。このとき、一歩目でいきなり左足をステップして投げようとすると、動きに勢いがつかないのに気づくだろう。それでは、力のある速い送球はなかなかむずかしい。むしろ、一見ワンステップよけいのようでも、軽く右足を引いて、その勢いで左を踏み出したほうが、トータルで速くなる。まず右足、次に左足。これが、フットワークの基本である。

しゃがんだ状態から素早く立ち上がって送球するというのは、捕手独特の、ほかの野手にはない動きだ。だからキャッチャーになりたてのころは、まるでシャドーピッチングのように、鏡の前でこのフットワークをイヤというほど練習したものである。こうして右、左のリズムを体にたたき込む。いいキャッチャーというのは、古田にしても谷繁にしても、下がしっかりしているという。つまり、このフットワークが安定しているのだ。ピッチャーと同じことで、下半身が安定していないといいボールは投げられないのである。また、ミットからボールを持ち変えるのが早ければ、ここでもコンマ何秒か短縮できるから、この練習もないがしろにできない。ヒマさえあれば、ミットにパンパンとボールを打ちつけ、右手に持ち変えていたものだ。これを繰り返しているうちに、ボールを見なくても、きちんと縫い目に指をかけて握れるようになる。

イチローが盗塁を決めるわけ

メジャーのキャッチャーは、日本のプロ野球より総じて肩がよく、キャッチングがいい。そんな手ごわい相手でも、イチローなどは相変わらず、苦もなく盗塁を決めているように見える。なぜか。それは、盗塁を防ぐのはピッチャーとキャッチャーの共同作業だからだ。いくらキャッチャーが超人的強肩の持ち主でも、ピッチャーがランナーにまるで無頓着では、宝の持ち腐れだ。ピッチャーがタイミングよく牽制し、一球一球タイミングを変え、クイックモーションで投げるなどして、コンマ何秒かでもランナーのスタートを遅らせる。そういう工夫をしなければ、なかなか盗塁を阻止できるものじゃない。

だいたい盗塁とは、ランナーが有利なものなのだ。まず、走る、走らないの選択権はランナーにある。このボールで走れ、というサインが出ているとき以外は、自分のドンピシャのタイミングのときだけ、自信があるときだけ走ればいい。ちょっとタイミングが合わなければ自重すればいいのだから、成功する確率はかなり高い。盗塁のうまいランナーであれば、その成功率はだいたい八割を越えてくる。それに対してバッテリーは、いつ走るかいつ走るかと、たえず神経をすり減らさなければならない。そこへもってきて、かりに制限時間の三・三秒で送球がセカンドに到達しても、キャッチャーがいいタマをセカンドに送って初めて勝負になる。上下左右にちょっとでもそれたらセーフだ。そもそも、キャッチャーの盗塁阻止率はよっぽどじゃないと五割にいかないのだから、どう転んでもランナーが有利なのである。

そういう状況でありながら、メジャーのピッチャーは、牽制や時差投球（セットに入ってから投げる間合いを、一球一球変えること。たとえば間合いが一、二の三というふうに毎回一定だと、ランナーはスタートのタイミングをとりやすい）、クイックモーションなど、ランナーを気持ちよく走らせないための細かい技術は、概して不得手だ。これは想像だが、イチローは日本の細かい野球に慣れていたから、メジャーのピッチャーに対しては、比較的スタートが切りやすいのではないか。スタートがよければ、いかにキャッチャーの肩がよくても、十分以上に勝負になる。

くどいようだが、盗塁を防ぐには、だからこそバッテリーの共同作業が必要になってくる。いまはメジャーにいった城島が「工藤（公康）さんに育ててもらいました」というように、ベテランピッチャーが若いキャッチャーを教えていくこともあれば、その逆もある。これはむろん、ランナーを背負ったときだけではなく、投球術全般に関してだが。そこに欠かせないのが、バッテリーのコミュニケーションだろう。企業ではよく「ほうれんそう」という。報告・連絡・相談。チーム内のコミュニケーションを密にとることで、現状の認識が正確になり、意思の疎通が図れ、相手の考えていることがよくわかるようになる。さらに、共通の目的を確認することで、チームの一体感が生まれていくのだ。

貪欲だったルーキー桑田

ルーキーとして入ってきたときから、コイツは違うな、と思ったのは桑田だ。ＰＬ学園高校時代、甲子園で通算二十勝。清原和博とともに、一年の夏から五季連続で出場し、優勝が二回、準優勝二回、あと一回もベスト４に入っているスーパー球児だった。一九八六年にジャイアンツに入ると、一年目から内角に厳しいボールを要求しても、臆することなく堂々と投げ込んでくる。ふつう一年目といえば、ぶつけてはいけないという遠慮が先に立ち、内角の厳しいところには投げにくいものだ。ところが桑田は、気持ちが強かった。体は小柄で、タマも驚くほど速いというわけじゃない。なのに堂々としている。そして、試合が終わったあとには、こちらのリードの意図を積極的に聞きにくる。

「あのピンチで、ボールから入ったのはなぜですか?」

「バッターの反応を見て、狙いダマを判断したかったんだ。オマエはストライクならいつでもとれるし」

「なるほど、そういうことですか。ボールにも意図があるんですね。ありがとうございました。それと、僕のタマはなにが一番いいですか?」

「うん、まっすぐをいつでもアウトローにコントロールできるのがいいね。それと、スピードガンの数字以上にキレがある」

というように。ナミのルーキーなら、キャッチャーのリードに従うだけで精一杯だが、つねに自分で考えながら、うまくなりたいという貪欲な姿勢を持っていた。ちょっと話はそれるが、桑田は、ルーキー時代から自分のいいたいことはずけずけいったものだ。ロッカールームを禁煙にしてくれ、というのもその一つ。当時のプロ野球選手の喫煙率は、いまと比べものにならないほど高かったのである。だけどふつう新参者は、その集団のしきたりに無抵抗で従うものだ。異論を唱えようとすると、周囲から異端児扱いされかねない。それよりは、多少自分の考えと違っていても、多数派によりかかり、口をつぐんでいたほうが楽である。ところが桑田は、波風を立ててでも、自分の意見を堂々と主張できる。やがてジャイアンツでは、ロッカールームが禁煙になったばかりではなく、移動のバスも禁煙車と喫煙車の二本立てになった記憶がある。

それはともかく、僕と桑田は、そうやって試合ごとにコミュニケーションを蓄積していった。バッテリーが充電されていくわけだ。それがやがて信頼感につながったのか、僕のサインに桑田が首を振った記憶は一度もない。十八歳になったばかりの一年目こそ二勝だった桑田だが、二年目には早くも十五勝をあげ、防御率一位のタイトルを獲得することになる。いまのジャイアンツの若いピッチャーは、こういういいお手本がいるのだから、吸収できるものはすべて吸収していってほしいものだ。

お酒の効用

バッテリーにはコミュニケーションが不可欠だが、なかには口べたもいれば、無口な人間もいる。それを円滑にする手段の一つとして、お酒がある。登板したあとの江川が、アドレナリンを抑えるために、ボトル持参でホテルの僕の部屋にきたように、だ。僕がお酒の味を覚えたのは大学時代で、マックスといわれた佐藤清ら同期生と連れだって、よく新宿に繰り出した。翌日の練習が休みの土曜日などが多かった。先輩や、野球人のいないような店に目星をつけておき、財布の中身を気にしながら飲む。それでも手持ちのお金では足りなくなって、一人がいったん寮に戻り、どこからかお金をかき集めて店にとんぼ返りし、さらに飲んだこともある。

プロに入ってからは、さすがに所持金を気にすることはなくなったが、なにしろ人気商売である。プロ入りしてしばらくすると、写真週刊誌なども出回るようになった。自然に、こちらがプロ選手と気がついても、そっとしておいてくれそうなお店を選ぶようになる。若いピッチャーが打たれたときなどは、ゲン直しによく連れていったものだ。西本、角、定岡正二……。東京ではそれぞれ自分の生活があるから、遠征先でいくことが多い。名古屋、大阪、広島……たまにある、札幌や福岡の遠征は楽しみだった。角がリリーフのマウンドにいるときには、「今日は飲みにいくからな。三人で早く片づけろよ」などと声をかけたりもした。

試合のあとで飲みにいくのは、サラリーマンの方が、仕事のあとに縄のれんをくぐるようなものだろう。アルコールが適度に回るにつれて、お互いが打ち解けるし、ホンネが出

大学時代に酒を覚え，同期の佐藤清（左）
らと連れ立ってよく新宿に飲みにいった

ることもある。

「あの一球はいいコースにいったんですけど、打った相手がうまかったですねえ」

「山倉さん、バッター心理として、こういうときはどんなボールを待ちますか」

打ち解けてくれれば、ときには耳の痛い話もする。もちろん野球の話だけではなく、彼女のこと、家庭の悩み……さまざまな話題が出る。そんなやりとりのうちに、性格や考え方、相手の人間性がわかってくるものだ。日本が優勝したWBCでも、イチローが音頭をとって焼き肉パーティーをやったというが、いいことだ。お互いが遠慮なく、腹にあるものを出し合いながら、結束力が強まっただろう。

会社でも、そうなのではないか。たとえば、部下のミスを説教した上司。部下は、シュンとしている。そこでスパッと気持ちを切り換え、「よし、気分直しにちょっといくか」とフォローしてグラスを交わす。そこで上司は「実はオレも若いころ、同じようなミスをしたんだよ」と会話がはずめば、親近感もわくだろうし、イヤな気分が翌日にあとを引くこともない。プロ野球では、さすがに立場上、監督と選手が飲みにいくことはないが、イヤな負け方をしたときなどは、「今日はどこかでパーッとやって、忘れてこい！」といえるくらいの監督がいいと思う。

たとえば、ヤクルト。広岡達朗監督のもとで初優勝したのは一九七八年だが、翌年はな

んと最下位に終わっている。当時の選手に聞くと、

「せっかく優勝したんだから、オフに少しはいい思いもできるし、ハネも伸ばせるだろうと思ったら、日本シリーズのあとにすぐ練習。おまけに管理管理だから、窮屈でしょうがなかった。翌年の最下位は、その反動だった」

ということだ。人間なのだから、あまりに統率されてばかりでは息が詰まる、ということか。人間の集団なのだから、ときには息抜きとして、またコミュニケーションを深めお互いをよく知る機会として、ほどほどにお酒を飲むのも必要だと思う。今日もまた、繁華街の酒場は、そういうオトーサンたちでいっぱいだろう。

第12章 キャッチャーは、腹をくくる

盗塁しやすい状況とは？

前の章で書きそびれた盗塁の話をちょっと続けると、快足ランナーに対して「塁に出たら、ノーサインで盗塁していい」という決めごとをしているチームはけっこう多い。かつて僕がいた時代のジャイアンツなら、〝青い稲妻〟と異名をとり、一九八三年の盗塁王に輝いた松本匡史さんがそうだった。もちろんノーサインといっても、めったやたらと走るわけじゃない。得点差やイニング、ボールカウント、相手ピッチャーのクセなどから、成功する自信があるときに走る、ということだ。また、基本的にいつ走ってもいいのだが、この場面だけは走ってくれるな、という「走るな」のサインもある。

まあそれは俊足ランナーの場合で、通常は、ベンチから盗塁のサインが出る。そこで、考えてみてほしい。盗塁のサインを出しやすいのは、どんなときだろうか。一つには、変

化球を投げることが想定される場合だ。たとえばボールカウントならば、2－1か2－2あたり。バッターを追い込んだバッテリーが、打ち取りにくるケースだ。もちろんピッチャーにもよるが、ここでは変化球を決めダマに使ってくる確率がかなり高い。

これが2－0となると、走らせることはまずない。お察しの通り、外角高めにストレートで一球ウエストされたら、いかに盗塁はランナー有利といえども、かなりのリスクを負うからだ。付け加えれば、0－2といった打者有利のカウントでも走らせにくい。ストライクのほしいこの場面では、バッテリーはまっすぐ系統のタマを投げることが多いのだ。盗塁する条件として、よくはない。むしろ、こうしたカウントでは相手がストライクをほしがるのだから、ランナーを進めたかったら、ラン・エンド・ヒットといった作戦を用いるのが常道だ。

また、ボールカウントのほかにも、盗塁のサインを出しやすい状況がある。たとえば、打順だ。二死一塁、打席に九番のピッチャーという場面でランナーを走らせたら、これは草野球だ。いうまでもなく、九番がアウトになっても次の回は一番からの好打順となるのに、みすみす盗塁に失敗したら次回の攻撃はピッチャーから始まるからだ。だが、同じ状況で打者が八番ならば、盗塁は十分にありうる。もし盗塁に成功すれば、相手は八番との勝負を避けて四球で歩かせ、次打者のピッチャーを料理しようとする公算が大だからだ

（現に僕は、八番を打っていた一九八七年、敬遠の数がリーグ一だった）。そうなったら、ピッチャーで攻撃が終わったとして、次回の攻撃は一番という好打順からになる。こんなふうに盗塁というのは、単に塁を一つ進めるだけじゃなく、大きな目で見れば試合の流れをたぐりよせる小道具にもなる。

なぜ、変化球のときに走らせやすいのかはおわかりだろう。たとえば一五〇キロのストレートと、一二五キロのカーブを比較してみる。マウンドのプレートからホームまでは、一八メートル強という短い距離だが、球速が二五キロ違うと、ピッチャーの手を離れてからミットに入るまで、コンマ一秒近くもかかる時間が違ってくる。まばたきにも似たほんの一瞬だが、ランナーとの勝負では大きく明暗を分けるのだ。なにしろコンマ一秒の間に、俊足ランナーならゆうに五〇センチは進むのだから、クロスプレーがゆうゆうセーフになる。つまり、変化球のほうが走者に余裕を与えてしまう。ましてや、それが落ちる変化球なら、キャッチャーにとっては、捕球してから投げにくいものだ。バッテリーにとって、二重の不利がある。だからベンチは、相手が変化球を投げるであろう状況で、ランナーを走らせるわけだ。

もちろん逆に、ピッチャーがストレートを投げれば、時間も短縮できるしキャッチャーもスローイングしやすい。盗塁しようというランナーと五分に渡り合おうとすれば、ストレートを投げさせたほうが、いくぶんかは条件がよくなる。しかしそこはそれ、ランナーに走られるのがイヤで、ストレートばかり投げさせていては、バッターの思うツボである。狙いすまして痛打されるのがオチだ。

たとえば僅差で迎えた終盤。ツーアウトで、足が速くイヤらしいランナーが一塁にいたとしよう。バッテリーとしては当然、盗塁が気になるところだ。もし二塁に進まれたら、次の打者のワンヒットで、一点が入ってしまうことになる。そういうときにキャッチャーは、ストレートを要求したい誘惑にかられる。ゆるい変化球だと、もし盗塁されたときに、セーフになる確率が高い。

「よし、それならここは、捕ってから投げやすい外角高めにストレート……」

相手の足を警戒するキャッチャーはえてして、こういう思考回路に陥りがちだ。ランナーを刺すには、変化球よりもストレートのほうが、条件がよくなるからだ。だがそれは、バッターも先刻お見通しである。明らかなボールならばまだいいが、中途半端なコースへのストレートでは危険度大だ。ストレートは狙われ、変化球は走られ……では、どうしたらいいのだろう。答えは簡単、バッターとの勝負を優先するのだ。

「この場面はバッター勝負」は正しい

テレビ中継などで「この場面はバッター勝負。ランナーは無視してもいいくらいです」という解説をよく聞くが、これは正解だと僕は思う。その理由を説明しよう。盗塁の成功率は、ヘタをすると八割にもなることは前に書いた。バッテリーは、盗塁しようとするランナーに対して牽制し、ピッチャーはクイックモーションで投げ、気を遣いに遣ってやっとランナーと同じ土俵に上がれるが、それにしてもキャッチャーがセカンドにいいボールを放って初めて勝負になるレベルだ。細心の注意を払い、いい送球をしても、アウトにできる確率は四割がいいところだろう。つまり盗塁に関しては明らかにランナーが有利なのだ。それに対してバッターは、打率三割ならば一流、といわれる。よほどのポカかミスがなければ、七割方はアウトにできる計算で、つまりこちらは、バッテリー有利というわけだ。

ところが、ランナーを警戒するあまりリードが単調になり、「ここは盗塁を警戒して、外のストレートで勝負してくるはず」と、打者に球種を絞られていたらどうだろう。三割のはずの打率が、いくらか上がるはずだ。あるいはピッチャーは、クイックモーションで投げると、本来の球威が落ちる。小さくて、タメをつくりにくいフォームになるから、球速にして三－四キロは違うはずだ。さらに、早く投げなくては……という意識が強すぎると、制球だって甘くなるだろう。そんなこんなで、あまりにランナーに気を遣いすぎると、不利なはずのバッターにとって、だんだんと条件が有利になってくる。本来なら七割方は打ち取れるはずなのに、その確率が下がっていってしまうのである。

もちろん、足の速いランナーが出たら神経をすり減らさなくてはいけない。盗塁がフリーパスでは、野球にならない。だが、いきすぎた警戒は、そろばん勘定からいったら明らかに損である。もともと不利なランナーとの勝負に神経をすり減らして、有利なはずの打者との勝負、七割はとれるアウトの確率を下げてしまうのだから。そんなふうに自らの首を絞めるよりも、ランナーはいっそ無視して、七割とれるはずのアウトに集中したほうがいい。「この場面はバッター勝負」というのは、確率論的にも正しいのである。

ピンチでは、腹をくくってバッター勝負。かりにコントロールミスをして、ど真ん中にいっても、ミスショットする可能性だってかなりある。ピッチャーに聞いてみると、ピンチには、最後は開き直ってど真ん中、というタイプも多い。そう考えてみると、ランナーを無視しても「次のバッターを打ち取ればいいんだろう」と割り切っていた江川は、案外正しかったのだ。

ビジネスの現場でも、腹をくくるシーンはあるだろう。たとえば、こちらが絶対の自信を持って提案した商品に対して、ライバル社が低価格で対抗してきたとき。そこでうろたえて、価格の見直しなどをすると、商品に対する自信がないのかと勘ぐられかねない。そういうときはどっしりと構え、胸を張って自社製品をプッシュし続けたほうがいい結果になりそうな気がする。

……などと書いてきたが、実際のゲームになると、そう簡単にはいかない。足の速いランナーを塁上に置くと、バッテリーはほとほとイヤになる。牽制はしなきゃいけない、かといってリードが単調になっちゃいけない、クイックで投げるから制球に注意……。なにしろ打者と走者を一度に相手にしようとするから、やらなきゃいけないことだらけでストレスがたまる。かりにその場では点を許さなくてすんでも、蓄積したストレスは、試合終盤にボディブローのようにきいてくる。

これを逆に攻撃側からしてみれば、足の速いランナーが出塁すれば、実際に盗塁はしなくても、十分にストレスをかけることができる、ということだ。走者がリードを大きくとり、走るぞ走るぞ、という素振りを見せ、一球ごとにスタートと見せかけるだけでも、ボディブローの効果はある。試合運びのうまいチームというのは、盗塁するまでもなく、相手バッテリーを消耗させるのがうまい。そして、ピッチャーがへばったところで一気にたたみかけるのだ。

僕が現役時代にイヤだったのは、広島のトップバッター高橋慶彦だ。とにかく、なにかやってきそうな雰囲気がある。また二番打者が山崎隆造、正田耕三といったくせ者だったから、いやらしさは二倍、三倍になる。高橋に盗塁されるのがイヤで、二番にストレートを要求し、何度痛い目にあったことか。

楽天の野村監督が南海の現役時代、天敵だったのが、阪急のトップバッター福本豊さんだ。なにしろ四球で歩かせでもしたら盗塁。二番が右にゴロを転がせばサードに達し、三番の外野フライで一丁上がり、ホームインである。攻撃側にとっては理想だが、守っているほうにとってはたまらない。初回に福本さんを歩かせると、ノーヒットで一点をとられるのも同然なのだから、イヤにもなるはずだ。バッテリーの心理的ダメージは、ホームランを打たれるより大きいだろう。

最強の助っ人バース攻略法

腹をくくる、で思い出したことがある。一九八三年から六年間、阪神に在籍したバース。一九八五、一九八六年と二年連続三冠王をとり、史上最強の外国人といわれた選手だ。とにかく、バースには手こずった。ふつう外国人選手というのは、ちょっとぐらいボールでもがんがん振り回してくるものである。高めのボールでも、落ちるボールでも、いとも簡単にひっかかってくれる。初球の入り方に気をつけ、インサイドに一球投げておけば、外の落ちるタマで一丁上がり、というのが外国人打者の攻略法だ。ところが、ナミの選手ならそれでいいが、バースはとにかくボールを振ってくれない。極めつけに選球眼がいいのだ。かといって、カウントが苦しくなって少しでもコースが甘く入るともういけない。ヒットならもうけもの、待ってましたとばかり、あの太い腕で軽々とスタンドまで運ばれたものだ。

フォアボールで逃げようかといっても、そうもいかない。当時の阪神には、バースに続いて四番・掛布雅之、五番・岡田彰布という強打者がそろっていたのだ。現に一九八五年に巨人は、甲子園でこの三人にバックスクリーン三連発を見舞われて逆転負け。そこから勢いに乗った阪神が二十一年ぶりに優勝する。もっとも、三連発のときにマスクをかぶっていたのは、僕じゃありません。いずれにしても、勝負を避けて歩かせるというわけにもいかない。ともかく、バースには外国人選手にありがちな穴がない。攻めようがない。つくづくイヤになっていた。

ところが、あるとき、バースとの対戦で、江川がめずらしくコントロールミスをした。内角低めへ横のカーブを要求したのが、高めに入ってきたのである。これには、目をつぶった。いや、本当に目をつぶってはボールは捕れないが、肝を冷やした。インハイはバースのツボである。スタンドにもっていかれてもしょうがないのだ。ところが、である。バースはこのボールに、詰まってしまった。スタンドに届くはずが、ライト定位置より、かなり前の平凡なフライだった。ははあ、なるほどな……。それまで、顔を見るのもイヤだったバースの攻略法、糸口がちょっと見えてきたのはこのときだ。

ふつう、リーチのある外国人選手は、外のタマでもバットがきちんと届く。日本人にとっては厳しい外角いっぱいのコースでも、ヒットゾーンになってしまうのだ。だったら内角に落ちるボール、となるのだが、バースの場合バットをうまく操って、そのコースも苦もなく打ち返すし、ボールならば見逃す。打つ手なし、だったのがそれまでだ。ところが、江川の投げ損じの内角高めに詰まってしまった。なぜか。右投手の内角高めを横に滑る変化球は、左バッターにとって向かってくる格好になる。同じ内角でも、低めならば体からの距離があるだけまだバットコントロールに余裕があるが、体に近い高めだと、バットを操作するだけのフトコロができない。さしものバースでも、バットを振ろうとすると窮屈になる。だから詰まってしまうのだ。

こうして、江川の投げ損ないという偶然とはいえ、なんとかバースの弱点を発見することができたのである。以後は、ここ、という勝負どころでは、バースに対してインハイにスライダーか横のカーブ。もちろん、一歩間違えば長打のリスクもあるのだが、そこは腹をくくるのだ。おかげで、だいぶ大ケガは避けられるようになった。

江川がけっこう打たれていた記憶があるのは、広島の山本浩二さんだ。法政大の先輩だからというわけでもあるまいが、まっすぐでもカーブでも、クセを見抜かれているんじゃないかというくらいよく打たれた。浩二さんは、アウトステップ（左足を外側に引く）するタイプだったから、内角を打つのが抜群にうまい。体を開くから、本当なら厳しく内角を攻めたつもりが打ちごろのコースになるのだ。かといって、外角に放っても、体重を右足に残してうまくさばく。だが、外角なら長打を食らう危険度はかなり低い。安全策でいくなら、こっちだ。そこである日、一計を案じた。浩二さんに対しては外角一辺倒でいこう。長打を食わず、ヒットならよし。まっすぐにしてもスライダーにしても、とにかく外角。それで一試合通してみよう、とあいなった。

それが……まんまとハマッた。その試合、浩二さんは四打数ノーヒットだったのである。半信半疑ながら翌日も、だまされたつもりで全部外角に放れ、とピッチャーと打ち合わせた。するとこの日もノーヒット。翌日も、徹底した外角攻めでノーヒット。結局その広島三連戦は、相手の四番・山本浩二には一本もヒットを打たれなかった。後日、浩二さんはいっていたものだ。

「あのときは、いつ内角にくるか、くるかと思っていた。オマエがそんなに単細胞のリードをするとは思わなかったから。それが、まだこない、まだこないと思っているうちに終わっちゃったんだよね」

浩二さんほどの打者でも、バッターというのは考え始めると堂々巡りに陥るものだ。こっちは、腹をくくって外角一本槍でいっているのに、その単純さがむしろ打者心理を混乱させてしまったのだろう。ただし……浩二さんには、次の対戦で外角をヒットされてしまったのだが。

第13章 キャッチャーは、チームを愛する

なぜ巨人戦に目の色を変えるのか

僕が現役のころ、ジャイアンツにはどこのチームもエースをぶつけてきた。ジャイアンツが手ごわい相手なのはわかりきっている話だ。だからどの対戦相手も、三本柱といったようなローテーションの軸を、巨人戦にぶつけてくる。交流戦で対戦するソフトバンクならば、たとえば斉藤和巳、新垣渚、和田毅……といった具合だ。ただ、ここで考えてみてほしい。ジャイアンツに限らず、強いチームと対戦するなら、せっかくエース級三人を使っても、三連戦を勝ち越せる保証はない。それどころか一勝二敗、ヘタをすると三連敗も十分ありうる。

対して、下位チームに三人のエースをぶつけたとしたらどうだろう。もちろん、野球はなにが起こるかわからない。つねに実力通りの結果が出るとは限らない。ただ下位のチー

ムが、同じように巨人戦で三人のエースを使い切った直後の対戦だとすると、先発ピッチャーの力量差がかなりあることになる。三連戦を勝ち越せる可能性は、だいぶ高くなるだろう。つまり、同じエース三人を三連戦に使うのなら、下位チームにぶつけたほうが、勝ち星が多くなるのではないか、という考え方はできる。エースを巨人戦に使うのはもったいない、より勝てる確率の高いチームにぶつけてはどうか、というわけだ。

一見、説得力のある考え方だ。巨人戦に一勝二敗と負け越しても、ほかの四球団に二勝一敗ずつでいけば十二試合で八勝四敗、トータルなら十五試合を九勝六敗と、三つ勝ち越す計算だ。長いペナントレースの積み重ねでは、二十五個以上の貯金ができることになる。優勝争いに加わる可能性は、十分だ。だが、そう思惑通りにいくものでもない。ジャイアンツという人気チームでは、すべての試合がテレビで中継され、すべてに満員のお客さんが詰めかける。選手たちは、みっともない戦いはできない。ファンをがっかりさせることはできないからだ。よそのチームならば、たとえば終盤で大差がついていたら、捨て試合にすることができる。だけど、つねに注目されているチームだから、ゲームセットまで戦意喪失せず、あきらめずに全力を尽くすのだ。

こうしたチームを相手にするとき、エースを温存するような逃げの姿勢では、三連敗も十分にありうる。そして、三連敗の借金を取り返そうとしたら、三連戦の二勝一敗を三回続けなくちゃいけない。そんなにうまくいくはずもなく、かりに首尾よくそれができたとしても、次の三連戦を負け越せば、また一つ黒星先行の勘定になる。そんな不確定な机上の計算に頼るよりは、巨人戦にはエース三人を使い、堂々勝負を挑んだほうが、目に見えない効果がある。ジャイアンツ戦の一勝は、単なる一つの白星とは違うのだ。

たとえば、勝ち越したときに出てくるチームの勢い。巨人をたたくと、そのチームは乗ってくるものだ。ほかのカードよりも注目度が格段に高いし、テレビや新聞、マスコミにも大々的に報道される。そこで活躍すれば自分の名前が売れ、全国的に知名度が上がる。それが励みとなっていい成績を残せば、ファンも球場に足を運んでくれるし、それはつもりつもって自分の年俸にはね返ってくる。もちろん、どのチームが相手でも全力で勝ちにいくし、数字上は同じ一勝だが、巨人相手の一勝には単なる一勝以上の価値があるといってもいい。

ジャイアンツへの思い

つまり、強いジャイアンツには、どこも目の色を変えてぶつかってくる。そんな包囲網をかいくぐって、三十九回も優勝しているのだから、やっぱり巨人はすごいチームである。

僕の現役時代はなにしろ、ピッチャーがよかった。たとえば江川が二十勝した一九八一年は、江川、西本、加藤初さんで防御率ランキングの一―三位を独占していた。チーム防御率も二・八八という驚異的な数字で、なにしろこれは個人成績にあてはめても三位に該当する数字だ。三点とれば勝てるという計算だから、強いはずである。

江川と西本などは、よくお互いの勝利数や、自分の打ったホームランの数で賭けをしていて、自分たちの励みにしていたようだ。実際にこの年は、広島に六ゲーム差をつけて優勝し、日本シリーズも制した。もっとも近年は、三年間優勝から遠ざかり、スタンドもつねに満員とはいかず、視聴率の低下がいわれ、伝統の巨人ブランドもちょっとくすみがちになっているのが寂しい。今シーズン（二〇〇六年）なども、各チームは巨人よりもむしろ阪神や中日にエースをぶつけているようだ。

ただし、いまでも人気ナンバーワンのチームであることに変わりはない。ジャイアンツのレギュラー選手ならば、顔と名前が全国的に広がるし、年俸もトップクラスだ。いつだったか、オフのテレビ番組の企画で、各球団のキャッチャー数人とゴルフをしたことがある。「山倉さん、日本の球界ではキャッチャーへの評価が低いですから、契約更改では粘ってくださいよ！」と、敵チームのキャッチャーから変な激励をされたものだ。確かその年の契約更改で、僕はキャッチャーとして初めて年俸五千万円を突破したと記憶している。プロにとっての評価とは、年俸の額だ。つまりジャイアンツは、プロ選手のプライドを満

元ドジャース監督のトミー・ラソーダ，現巨人軍監督の原辰徳とともに

足させてくれるチームでもあるのだ。だからフリーエージェントでも移籍組でも、ジャイアンツなら喜んでトレードに応じるのである。

さらに、「ドジャースの戦法」をいち早くとり入れたように、やっている野球のクォリティーも高い。日本のプロ野球では、トレードで巨人から出ていった選手はすぐに対応できるが、巨人に入る選手は大変だ、といわれている。ほかの球団にはない、高度なサインプレーなどをやっているからだ。たとえばコーチ時代、一九九七年に西武から清原和博が入団したとき。ピッチャーをキーとするフォーメーションのサインが全然わからずに、キャンプの最初のうちはまるで動けなかったのである。西武というと、一九八七年の日本シリーズで、クロマティの緩慢な守備を見抜いて、一塁走者がホームインするなどの好走塁を連発したチーム。ジャイアンツの岡崎郁などは「野球観が変わった」ともらしたが、まさにその時代の西武の主力だった清原にしても、ジャイアンツの野球にはついていけなかったのである。FAでジャイアンツ入りした大物や、期待された外国人選手がなかなか思い通りの結果を出せないのは、そういう、巨人野球の高度さも一因にある。

自分でいうのもナンだが、僕はそんなジャイアンツというチームを愛している。なにしろ、あとでふれるが、貴重なノートを焼いたほどだ。原が「ジャイアンツ愛」などと宣言するずっと前からそうなのだ。自宅の電話とファクス番号の末尾には、愛着のある当時の背番号15を、苦労して手に入れた。プロ野球OBで構成するマスターズ・リーグでも、巨人出身者が中心の札幌アンビシャス所属。いまだにジャイアンツ一辺倒で、スポーツアドバイザーとしてお世話になっているのも、読売新聞の西部本社さんである。

「山倉ノート」を焼いたわけ

最初のプロ野球との縁は、ジャイアンツではない。高校三年だった一九七三年のドラフト会議というと、阪急から一位指名された江川が入団を拒否したときだ。だが、なにを隠そう僕だって、南海から二位に指名されているのだ。まんざらでもないでしょう。なにしろ、大学・社会人を通じても捕手としては二番目、高校生としてはむろん一番高い評価だったのだ。南海といえば、野村さんがプレーイング・マネージャーで、この年優勝している強いチームだ。その野村さんがじきじきに足を運んでくれ「私の後継者に」と口説いてくれたのにはぐらっときたし、正直、迷った。プロ野球には、大いに魅力がある。だけど僕は、キャッチャーに転向してまだ一年かそこら。わからないところだらけで、まだまだ勉強しないと、プロの世界でやっていける自信がなかったのも事実だ。とはいえ、当時家には借金があったから、プロにいくのが親孝行にもなる……。

そこでお袋が「あなたが決めなさい」といってくれたので、迷いに迷ったすえ「大学にいきます」という結論を出した。十八歳の考えることなどタカがしれているが、結果としてジャイアンツに入団できるのだから、この判断は間違っていなかったと思う。それから四年後のドラフト。当時は現在のような自由枠などなくて、くじ引きの上位から希望選手を指名していくシステムだったから、選手はまな板の鯉状態で、自分からなにかができるわけじゃない。いの一番のクジを引いたのがクラウン（現西武）。二番が巨人で三番が阪急だった。僕はおそらく上位で指名される感触はあったから、クラウンじゃなければ巨人か阪急が指名してくれる……その時点で、やったー！　と思った。どちらも強いチームである。しかもクラウンが江川を指名し、巨人が「山倉和博」。子どものころからあこがれていた長嶋さんが監督を務めるチーム。しかも、一位に指名されて、もう有頂天だったものだ。

そんなジャイアンツに入ってみると、前に書いたように、まずは長嶋さんからの〝宿題〟の洗礼である。このレポート作成は入団から三年間続いたが、その後も自分なりに考えたこと、相手打者のデータなどは、大学ノートに書きためていた。一九九〇年限りで引退したときには、何十冊にもなっていた。そのノートを僕は、女房といっしょに多摩川の河原に焼きにいったのである。一年ずつ、その年の思い出を話しながら、しみじみとした気分になる。

「優勝した年か、江川が二十勝したんだな」

「そうだ、この年に子供が産まれたんだ」

「MVPはこの年か」

「オレが疲れ果てて書いたノートを、キミが清書してくれたんだな」

とか。何十冊もあったし、懐かしくてパラパラとめくったりもしていたから、すべてのノートが灰になるころには、夜が明けていたのを思い出す。ここで写真などで紹介したいのだが、手元にないのはそういうわけだ。考えてみると、十年以上もかけて書きためた貴

ジャイアンツから１位指名を受け，大学の後輩とともに記念撮影。右はライオンズ，ヤクルトなどで活躍した金森栄治

重な情報がたくさん詰まっているのに、もったいないことをしたものだ。「山倉ノート」などとタイトルをつければ、そのまま本になりそうな虎の巻だったのである。だけどそのときは、現役を引退する自分なりのけじめだった。この、ジャイアンツの企業秘密をおみやげに持っていれば、どこの球団でも喜んでコーチとして迎えてくれただろう。だけどそれは、自分の美学に反する。ジャイアンツへの愛を貫くには、自分のそろばん勘定を抜きに、ノートを焼くことしか考えなかった。

西武の黄金時代、チームづくりに辣腕を振るい、のちダイエー（現ソフトバンク）の基礎を築いた根本さんは西武時代、ずっと僕を狙っていたという話も聞いたことがある。話によると、それは僕が二十六－二十七歳のころで、トレードの候補としては、ちょうど売り出し中の工藤公康があがっていたという。そこまで自分を評価してくれたのはありがたい話だが、かりにトレードを申し込まれても、球団は僕を手放さなかったはずだ。そのころのジャイアンツでは、僕以外にキャッチャーはいなかったのだから。かりに話が進み、僕に打診されても、クビをタテに振らなかっただろう。ジャイアンツ以外で野球をするつもりはなかったのだ。最近の日本企業は、以前のような終身雇用がなくなっている。若者たちも、自分のキャリアアップのためなら、抵抗なく別の会社に移るという。まあ、それも時代の流れではあるが、僕としては、自分の属する集団に誇りと愛着を持ち、骨を埋める覚悟で働くほうが性に合っている。

個人の利益か、チームの利益か

チーム愛といえば、いつか夏の甲子園を見ていて、思い出したことを一つ書いておこう。二回戦まで勝ち上がってきたチームが三回戦で敗れたのだが、相手打線は、エースのクセを完全に見破っていたらしい。なんでも、ランナーが出ると、セットポジションのときに右手にかぶせるグラブの立て方で、ストレートか変化球かがわかったという。もしそれがわかれば大きい。ストレートだ、とわかれば、打者はそのタイミングで待てばいいのだから。逆にピッチャーにとっては、緩急という大きな武器を封じられたことになる。ビデオなど普及していなかったわれわれの高校時代と違い、いまは高校でも情報戦がモノをいう。一、二回戦のビデオをつぶさに観察していれば、そうしたクセはすぐに丸裸にされてしまうのだ。

ともかくも、なくて七クセ、という。自分では気がついていなくても、人から見ればその人に特有のクセはあるものだ。僕もかつて現役時代、広島の抑えとして活躍した小林誠二（現聖始）のささいなクセを見抜いたことがある。ピッチャーの多くは、グラブにはめた左手のうち、人差し指を外に出すものだ。小林もそうだった。そして僕はある日、気がつくのである。ネクストバッターズサークルから、小林の投球を見ていたときだ。

「あれっ？　いま、グラブから出した人差し指が動いたぞ」

「おっ、今度は動かない」

グラブのなかでボールを握るときに、グラブから外に出した人差し指が動くときと、動かないときがあるのである。さらにじっくりと目を凝らすと、どうも人差し指が動いたときはまっすぐ系統を投げ、動かなければ、パームボールかスライダーの変化球を投げているようだ……。以後、何度かの対戦でもじっくりと観察を続け、やはりそうだ、という確信に至る。

このように、相手を攻略するクセを〝発見〟したときには、二つの選択がある。チーム全体に報告するか、自分一人の胸にしまっておくか、だ。どちらがいい、悪いじゃない。もし、そのクセをとっかかりにチームぐるみで攻略したら、その試合はよくても、相手を疑心暗鬼にさせかねない。これまで打たれていなかったのが急に打ち込まれるのは変だ。そうか、なにかクセを見抜かれたのかもしれない……と、本人でさえそれまで気がついていなかったクセを、直されてしまうかもしれない。もし自分一人の胸にしまっておくとしても、決して利己的な考えじゃない。自分だけが小林をカモにするのはちょっと気がひけるが、自分が大事なところでヒットを打てば、結果的にチームに貢献することになる。一人だけならそれほど目立たないから、小林がクセを見抜かれていると警戒することもないだろう……。

事実僕も、最初はそうしていた。その年の巨人は小林をけっこう苦手にしたのだが、僕だけはそこそこいい打率を残したのである。だがシーズン終盤は、小林のいる広島との首位争いになった。

「自分の見破っているクセを、チームに伝えるべきかどうか……」

大事な直接対決を前に、僕は迷いに迷ったすえ、自分の見破った小林のクセを、コーチに申し出た。広島とのこの目先の一戦が、優勝争いにすごく大きな意味を持つと踏んだからだ。「ふんふん、なるほど！　よし、これはいいことを聞いたぞ」

その日のミーティングでは、小林のほんのちょっとしたクセが全員に伝えられたのはいうまでもない。自慢話になるが、その試合でジャイアンツは、もくろみ通りに苦手・小林を打ち込んで、優勝に近づく勝利をあげた。僕は内心、鼻高々だったものである。ただ——敵もさるものだ。案の定、クセを見抜かれたことに気がついた小林は、次回の登板ではきっちりとそれを修正してきたのである。おそらく、目を皿のようにして自分の投球フォームを分析したのだろう。

ここは、考えどころだ。自分が見破ったライバルのクセをチームに伝えれば、なんとしても手にしたい試合を有利に進められるだろう。そのかわり、相手が自分のクセに気づいて、それ以後は矯正してくることもあるから、一回ぽっきりだ。逆に、相手のクセを自分一人の胸にしまっておけば、長期的にカモにできるから、それがチームの勝利につながることもある。ただし、ここ、という大一番で勝てる保証はない。うーん、むずかしい。セールスマンが、いい顧客を独り占めするか、その情報を同僚に伝えるか……どちらも、チームに貢献することだけは間違いないのだが。

第14章

キャッチャーは、第三者の視点で考える

空振りするのはいいバッター？

試合中に相手選手と話すのは、堅いことをいえばルール違反だが、そこはそれ、お互いが顔見知りだ。マスク越しに、バッターと話すことはよくある。「カーブ狙ってるだろう」「次、まっすぐだよ」などと、三味線をひくこともあれば、ささやき戦術の野村さんではないが、「この間、銀座で見かけたぞ」と声をかけることも。衣笠祥雄さんにはこんな話をしたことがある。衣笠さんといえばいわずと知れた鉄人で、連続試合出場をずっと続けていた。ところが一方、踏み込んでのフルスイングもあの人の持ち味である。

だから、西本が投げているときなど、内角をえぐるシュートが体に当たるんじゃないかと気が気じゃない。ケガでもされて、衣笠さんの連続出場を途切れさせては、ファンの恨みを買うことになるだろう。そこで、「衣笠さん、西本のときはちゃんとよけてください

よ」と声をかけたら「おお、そうか」とちょっとホームベースから離れて立ったように見えたが、あれは気のせいだっただろうか。

相手のピッチャーが打席に立つときもよく話しかけた。今日は速いなあ、とかいった具合である。星野仙一さんが現役時代、あまりにも打席でフルスイングするものだから「なんですかいまのスイング、ホームラン狙ってるんじゃないですか」などとからかおうものなら、「お、わかるか」としゃあしゃあとしていたものだ。かと思うと、一度デッドボールをぶつけられたあとには、星野さんが打席に立ったときにこうぼやいた。

「カンベンしてくださいよ、星野さん」

「ホームランなんか打つからじゃ。ヒットならまだしも」

実はデッドボールの前、僕はホームランを打っていて、それゆえに星野さんはより厳しく内角を攻め、それが結果として当たってしまったというわけだ。なるほど、僕がキャッチャーだとしても、ホームランを打った打者の次の打席は、厳しいところを攻めさせるはずだ。キャッチャーがリードを組み立てるときには、自分が打者だったとして、どうされたらイヤか、ということを考える。相手の立場に立つわけだ。

打者というのは基本的に、追い込まれるまでは打てるタマ、つまり自分の待っているタマだけを打つものだ。一四〇キロのストレートを、直径七センチの丸い棒で打とうというのだから、バッティングというのはそもそもがむずかしいものだ。成功率が三割で上々なのだから、苦手なタマに手を出しては、その確率はますます下がる。なにを待つかは、状況によってさまざまだが、バッター有利のカウントでは、ほとんどがストレート系統のタマを待つものだ。変化球よりも、まだ打ちやすいからだ。ボールカウントなら0－0から0－3、1－2から1－3といったところ。この心理を利用して、初球がボールになったら、外に逃げる変化球でカウントを整える。多少甘くてもいい。ストレートを待っていての変化球なら対応できるのだが、手を出して引っかけてしまうのがイヤなため、見逃してくれることが多いのだ。

　ここでは、なまじバットに当てずに、空振りできるのがいいバッターだ。打者は、ボールがピッチャーの指を離れた瞬間には球道のイメージを描き、それに対応してスイングする。そのとき、イメージと実際のタマが違っていても、無意識にバットをコントロールし、なんとかして当てよう、フェアゾーンに飛ばそうとしてしまう。打者の本能は、ストレートのつもりで打ちにいったとき、実はカットボールだったとしても対応してしまうのだ。だが、自分のイメージとずれていたら、ヘタにバットに当てるよりも、当初のイメージ通りのスイングで空振りをしたほうがいい。球道イメージとずれるということは、タイミングもずれていることになる。そこで無理矢理アジャストしてバットを合わせても、ヒットになる確率はかなり低い。バットに当たったばっかりに、腰が引けたり泳いだりするのなら、空振りしたほうがよっぽどマシなのだ。

だからキャッチャーは、バッターの空振りのしかたにも細心の注意を払う。タイミングが合わない空振りが、実は好調のきざしだったりするから、警戒が必要なのだ。

バッティング理論の変化

もっとも、いまのバッティング理論は、われわれが現役のころと変わってきているようだ。かつての打撃は、引き腕を伸ばして打つのが主流だった。右打者なら左、左打者なら右腕でリードし、ポイントを前にしていた。それがいまは、なるべく体の近くまでボールを引きつけ、バットを構えたときの上の手、つまり右打者なら右腕で押し込むような打ち方も目立つようになってきている。もちろん、体の近くにポイントを置くと詰まったり、差し込まれたりする。内角は前でさばけ、というのはそのためだ。ところが、たとえばホワイトソックスの井口のように、高打率を残す右打者は、内角に対しても呼び込んで、右方向に強い打球を打つ。おそらく、多少詰まってもいいという意識があるのだろう。

ピッチャー側の変化もある。最近の投球の主流は、できるだけバッターの近くでボールを変化させることだ。バッターにすれば、どれだけボールを引きつけられるかが勝負になる。それには、体が開いてしまっては対応できない。以前のホームラン打者には、ホームランとは引っ張るもの、というイメージがあった。左打ちの王さんなら右方向、右打者の田淵幸一さんなら左方向へのアーチが圧倒的に多かった。ほかにも野村さんや衣笠さん、山本浩二さん……などは、開いて打つタイプのホームラン打者だった。それは、できるだけポイントを前にして打ったほうが、強い打球が打てるからだ。

ただ、これだけ低めの変化球、しかも手元での変化球が全盛の時代では、引っ張りだけだと高い打率は残せない。長距離打者が、逆方向にもホームランを量産するようになったのは、落合さんあたりからだ。中村紀洋（オリックス）あたりも、センターから右へのホームランが多い。一度軸足（右打者なら右）に乗せた体重を、前のカベにためて右中間へもっていく。

こういう打ち方ができるようになったのは、バットの進化が大きい。僕らの時代、バットの重さは九〇〇グラム台半ばだった。九二〇グラム以下のバットを作るのは、技術的に不可能とさえいわれていた。それがいまでは、八八〇とか八九〇グラムのバットが当たり前で、軽くなった分操作しやすいし、スイングスピードが上がっている。材質も、青ダモからメープルへと変わっている。

日本で初めてのドーム球場として東京ドームができたときに、まず天井には当たらないだろう、と計算されてあの高さになっていると聞いた。実際僕たちも、一九八八年に初めてドームに足を踏み入れたとき、ああ、これだけの高さがあれば、まずボールは当たらないだろう……と思ったものだ。それがいまでは、打球が天井に当たっても、さほどめずらしくない。日本のボールがよく飛ぶせいもあるが、バットの進化とも無縁じゃないだろう。

ボールがよく飛び、スイングスピードも上がっているから、バットの芯に当たれば、多少詰まってもホームランになる。無理に引っ張らなくても、飛距離は出る。かつては、詰まらないためにポイントを前にしていたのが、多少詰まってもいいからできるだけ体の近くまでボールを呼び込み、しっかりと見きわめたい、というのがいまの打撃理論だ。逆方向へのホームランが増えている要因には、そういう打法の変化がある。

打撃の進化に対抗するため、カットボールや落ちるボールなど、変化球の種類が多彩になったように、むろん、ピッチャーも進化している。僕たちが現役のころと大幅に違うのは、完全な分業制の確立だ。先発したエースが完投するというのが理想だが、いまはそういう時代じゃない。たとえば二〇〇五年、両リーグで投球イニングがもっとも多かったのは三浦大輔（横浜）と松坂で、それぞれの完投は十一と十五だった。登板はいずれも二十八試合で、一回の登板あたりの投球回数は、どちらも平均して七・六回にすぎない。一流投手にしてこれだから、いまの野球で先発＝完投というのは、なかなかむずかしい。これが、一九八二年の江川だと、三十一試合に投げて完投が二十四、一回先発すれば八・五回投げていた計算だから、二十数年で野球はだいぶ変わってきている。

先発とリリーフ、それぞれのリード

いまは先発が六、七回まで踏ん張り、一人もしくは二人の中継ぎをはさんで最後の一イニングが抑えの出番、というのが各チームの勝ちパターンだろう。先発に中継ぎ一人、そして抑えと、三人で一試合をまかなうのが勝ちパターンとして多いのではないか。日本で〝抑え〟という概念が定着したのは、一九七〇年代中ごろだ。ただそのころは、先発あり、リリーフありと、シーズン一〇〇イニング以上も投げる〝抑え〟投手もめずらしくなかった。ときには六、七回あたりから登板して、調子がよかったら最後まで、という出たとこ勝負の分業だった。それが近代野球では、抑え役はほぼ一イニング限定になっている。

先発とリリーフでは、キャッチャーのリードは変わるのだろうか。先発に対してキャッチャーは、まず完投させるという前提で組み立てるものだ。たとえば、序盤。ここでフォークを投げれば、かなり高い確率で打者を打ち取れるという場面でも、あえてストレートを投げさせることがある。もちろん、点差やアウトカウント、走者の有無……といった局面にもよるが、なぜそんなリスクをおかすのか？　それは、その打者との一回の対戦よりも、九回、百何十球をどうやって投げきるか、を考えるからだ。もしフォークを投げていたら、その回はしのげても、回が進んでの勝負どころでフォークを使いにくくなりはしないか。また、ストレートの走りを試しておかないと心もとない。つまり、九回完投を考えたときには、目先の勝負だけにこだわってもいられないのだ。シーズンを通じて、「アイツのリードは、困ったらフォーク」と相手に心理的な余裕を与えるのも得策じゃない。

同じアウト一つでも、序盤と終盤ではまったく違ってくる。六、七回になると、先発投手は球威もスタミナも落ちてくるのに対し、バッターはそこまでの打席で感触を積み重ねている。ピッチャーがいわば右下がりなのに打者は右上がりなのだから、ゲームが終盤になるほど、たったアウト一つがむずかしくなる。分業制が定着したのは、そういう理由にもよる。だからキャッチャーは、相手打者の打席ごとに配球を変えるのだ。そのためには、最初の打席で、投げるぞ投げるぞ……と意識させておいて、あえて決めダマを温存したり、打ち気のない初球にズバッとストレートを投げ込む大胆さも必要というわけだ。

これがリリーフ、とくに抑えのピッチャーになるとガラリと変わってくる。さっきの例のように、先発投手が意図的にフォークを投げないのに比べ、打ち取るためにはなりふりかまわず、初球からでもフォークを投げさせる。いわば、打ち取りたい……というピッチャーの本能に忠実にリードするといってもいい。しかも抑えは、毎日投げるか、投げる準備をするので、一人の打者にそうは球数をかけていられない、という事情もある。先発が一人の打者を五球でアウトにするなら、抑えは一球で終わりたいものだ。

そして抑えのピッチャーは、結果がすべてだ。先発投手なら、ポテンヒットを打たれても「いまのは打ち取っていた」と納得できるが、ピンチの場面、あるいは逃げ切り体勢で出てくる抑えはそうじゃない。逆に、いい当たりをされても、正面をついてアウトになれば結果オーライ。先発は、九回のトータルで考えるが、抑えは目先のことを考えてリードする、ということだ。

「打たせるな」より「打ち取れ」

試合の終盤になると、先頭バッターに対する初球の入り方が大切になってくる。一球目でうまく入ると、打ち取れる確率が高い。逆に、一球目の入り方を間違えると苦しくなるのだが、かりに0－1になっても、次のタマで1－1にもっていきたい。二球目までにストライク一つ、というのはリードの鉄則だからだ。ここから、抑え投手の適性を考えるとするなら、まず簡単にストライクをとれる制球力だ。あのピッチャーはポンポンとストライクをとりにくる、というイメージを持ってくれたらもうけもので、くさいコースをついて、一球で打ち取れることもある。さらにスピードがあること、あるいはわかっていても打てないキレのいい変化球があるとか、フォークの落差がすばらしいとか、要するに三振をとれるタマを持っていることだ。

もちろん、たとえばかつての佐々木主浩のフォークに匹敵する決めダマのある先発投手もいるのである。完投するためにはペース配分もあるし、決めダマばっかり投げるというわけにもいかないだけだ。そこが、先発とリリーフの違いである。イニング限定となれば、先発型だってなりふりかまわない。たとえば一九八四年のオールスター戦。ピッチャーは一人三イニングが最長だから、先発した江川は飛ばしに飛ばして、八連続三振を記録している。まあ、オールスターともなると、各打者とも三振をおそれずにぶんぶん振ってくるから、シーズン中とは違うのだが。オールスターや日米対抗などは、各チームのエースは自分の得意なタマを投げたがる。僕が受けたなかですばらしかったのは、スピードなら江川、フォークなら村田兆治さん、カーブは牛島和彦、コントロールなら北別府学、というところか。たとえば牛島が先発から抑えに転向したように、すばらしい決めダマを持っているなら、抑えでもやっていけると思う。

話がそれた。抑えのピッチャーがマウンドに上がるときには、キャッチャーのかける言葉にも配慮が必要だ。角がマウンドに上がるときには、「早く終われよ、飲みにいくから」と声をかけたように、それぞれの性格を知ったうえで、緊張を解きほぐすような声をかけたい。まあ僕の時代、水野雄仁あたりは心臓が強いので、さほど心配はなかった。なにしろ池田高校時代は、あの超満員の甲子園で、二年生のときから何試合もやっているのだから、度胸は座っていた。サインの確認をする程度。とにかく気持ちよく、目一杯腕を振れるようなリードを心がけたものだ。

このときに大切なのが、言葉だ。「甘いコースに投げるなよ」ではなく、「厳しいコースに投げろ」。「打たせるな」より「打ち取れ」。そのほうが、ピッチャーのハートが前向きになるような気がしていた。後に、スポーツ心理学の先生から話を聞いたとき、自分の考えが正しかったことを知る。人間は「〇〇するな」よりも「〇〇しよう」といわれたほうが、気分よくパフォーマンスができるのだそうだ。たとえばゴルフのティーショットで、キャディーさんに「右側には池があるので、入れないでください」といわれるのと、「さあ、フェアウェイまっすぐいきましょう」といわれるのと、どちらが気分がいいだろうか。内容としては、ほとんど同じことをいっている。なのに、「池に入れないで」といわれると、それまでは気にもしていなかった池が、ぐんぐん大きく見えてきてしまうだろう。その結果、意識過剰で右へスライス……なんて、よくありそうだ。

「〇〇するな」ではなくて、「〇〇しよう」。英語でいえば、don'tではなくてwill。同僚や、部下をやる気にさせるヒントは、このあたりにありそうである。

第15章 キャッチャーは、イエスマンじゃない

監督との秘密のサイン

僕が入団した一九七八年は長嶋さんが監督だったが、そのあとは藤田さん、王さんと、三人の監督のもとで現役を過ごすことになる。また前に書いたように、一九九三年からの第二次長嶋政権では、バッテリーコーチを務めた。長嶋さんはこと野球になると、イメージと違って緻密な人だった。藤田さんも、イメージとギャップのある人。瞬間湯沸かし器といわれた短気さは、あの紳士的な慶応ボーイの外観からは想像しにくいだろう。ある年のグアム・キャンプで、野手の五、六人が、プールの飛び込み台から飛び込んでいるシーンが新聞に掲載された。それを見た藤田監督は「そんなことするな！」と、烈火のごとく怒った。怒られたほうがポカーンとするくらいの激しさだった。

それでも、藤田さん自身がピッチャー出身のためか、バッテリーはあまりそのカミナリ

の対象にならない。僕にしても、一回も怒られた記憶がないくらいだ。長嶋さんと王さんはどちらかというと、バッテリーに厳しい監督だった。ただ、藤田さんがピッチャー出身監督ゆえの、こんな記憶がある。ピンチにタイムをとって、ピッチャーを中心にマウンドに集まるとき。ベンチには続投か、交代か、ちょっと迷いがあるとしよう。こんなとき、僕と藤田さんだけに通じる、二人だけのサインがあった。

ピッチャーの調子の変化については、現実にタマを受けている僕がもっとも敏感だ。ストレートはまだまだ伸びているか。変化球はキレているか。表情に力はあるか。キャッチャーは手のひらの感覚と空気で、ピッチャーのデキを的確に判断できる。ピッチャーの代えどきというのは、野球というゲームでもっともむずかしい判断の一つだ。その判断材料として、監督がキャッチャーの意見も考慮に入れるのは、むしろ当然のことといえる。このピッチャーはもう限界、交代したほうがいいでしょう……と感じたとき、マウンドに集まりながら僕は、ユニフォームのお尻のポケットにさりげなく、こっそりと手を突っ込む。これが実は、「球威がなくなっています、代えたほうがいいです」というサインだ。

それを目ざとく見つけると藤田さんは、おもむろにベンチから出てきて交代を告げる。むろん、こちらはさりげなくやるし、ピッチャーからはたいがい死角に入っているので、降板するピッチャーは僕のサインに気づいていない。もし動きに気づいたとしても、ポケットに手を入れるのは自然な動作だから、なにかのシグナルだとは悟られにくかっただろう。もし、気がつかれたら大変だ。いわば、隠れて上司に報告しているようなものだから、せっかく築いてきたピッチャーとの信頼関係が崩れてしまう。人一倍高いピッチャーのプライドもずたずただ。まかり間違えば、個人的な感情問題にも発展しかねない。たとえば、あと一人で勝利投手の権利を得られるところに、交代のサインを出してしまったら……。

もちろん、試合に勝つことが目的で、そのために最善を尽くすのは公認野球規則にも書かれている。だから、そこで私情をはさむのは禁物だ。代えどきだと感じれば、ウマの合うピッチャーでも迷わずにポケットに手を入れた。ところが「コイツ、あと一人アウトにすれば十勝目だもんなあ……」などと区切りの勝利がかかったときなどは、どうしても肩入れしたくなる。続投させてやりたい。白状すれば、江川や西本、定岡といったピッチャーには、手をポケットに入れるのをためらったことがあった。

逆もある。たぶん一九八二年、定岡が投げていた試合だ。ピンチでマウンドに集まったとき、無意識にポケットに手を入れてしまったのだ。定岡の調子は、まだまだいけそうだったのに、である。すると、ベンチで藤田監督が動くのが見えた。あっ、しまった！　ポケットに入れちゃったよ……と思ったが、もう遅い。藤田監督はそのまま、ピッチャー交代を告げるためにベンチから出てきてしまったのである。定岡が、「えっ、交代？」という表情をしていたのが忘れられない。この年の定岡は調子がよく、西本と並んで十五勝をあげ、江川に次ぐチームの勝ち頭だった。だがジャイアンツは結局、この試合を落とした。定岡が続投していたら、どうなったかはわからない。だが、この年は〇・五ゲーム差でリーグ優勝を逃したのだから、いやはや、悪いことをしてしまった。

監督が代われば野球は変わる

藤田さんといえば……。一九八〇年のシーズン最終戦が終わったとき、僕は長嶋さんに呼ばれて「来年は五番を頼む」といわれた。この年僕は、打率こそ二割四分六厘だったが、三年目で初めて規定打席に達していたし、ホームランも十七本と、いずれも自己最高の記録だった。王さんが引退を決めており、翌年は主軸打者として長嶋さんに期待されていたというわけだ。これには感激した。なにしろ、ジャイアンツの五番である。ヨシッ！と、気合いも入ろうというものだ。

それが、長嶋監督の電撃的な〝解任〟で、翌年は藤田体制である。五番の約束は、白紙に戻った。「ヤマ、キャッチャーはディフェンスのカナメでいてくれればいい。打順は、負担の少ない八番だ」。もうがっくりである。野球選手にとって、打順のプライドというのは大きいものだ。クリーンアップといえば、曲がりなりにも花形だ。だが、監督が代わったらプライドは後回し、割り切るしかない。社長が代われば会社が目ざすものも変わるように、監督が代わったら野球は変わるのだ。監督の考えと違うからといって、異を唱えるのは簡単である。ただ野球選手は、試合に使ってもらってナンボだ。まずは試合に出ること。そこでいい成績を残せば、チーム内での発言力も増すだろうが、試合に出ずにただ監督に反抗的になっても、それにはだれも耳を貸してくれない。選手はまず、監督の目ざす野球に自分をアジャストしなければならないだろう。

だいたい一般世間でも、社長が代わり、社内が刷新されたときに、「私は以前のやり方でやります」では通らないだろう。もっともイチローなどは、オリックスの入団二年目に「フォームを直したら、一軍に上げてやる」と当時の監督にいわれながら、「監督というのは、どうせ数年で代わるもの」と、目の前の一軍昇格には見向きもせず、あの独特の振り子打法を貫いた。仰木彬さんが新監督になると抜擢され、史上初の二百本安打を達成して一気にブレークするのは翌年のこと。まあ、イチロークラスの場合は別格だ。

また、藤田監督のおかげで大変身したのが、斎藤雅樹だ。市立川口高校から入団してきた当初、ふつうの高校生にすぎず、驚くほどのタマを投げるわけでもなく、それより打撃センスを生かして打者転向も、という声もあった程度のピッチャーだった。それが、藤田監督の一言で、それまでのオーバースローからサイドハンドに転向すると、メキメキと頭角を現すのである。最終的には、二年連続二十勝を記録するなど、リーグ初の四度の最多勝を獲得するほどの大エースに成長。本人も「プロでここまでできたのは、藤田さんのおかげ」といっているほどだ。僕のコーチ時代も、苦しいところでずいぶん斎藤に助けてもらった。人材発掘も監督の大きな仕事だとすれば、イチローや、この斎藤などはすばらしい成功例だろう。

ルーキー時代からモノが違った松井

現役時代とコーチの時代を通じて入ってきたルーキーで、「コイツはやるだろうな」と感じさせられたのは、前に書いたように桑田が一番だ。キャンプのときから、毎日練習を見ていればわかるものだ。一九九三年にコーチとして復帰したときは、松井秀喜（現ヤンキース）が入ってきた。一年目にして、とにかくボールを遠くに飛ばす能力はすごい。十八歳として見るからなおさらだ。さすがにシーズンに入ったら、あれだけのお客さんを前にして巨人のユニフォームを着るのだから、最初のうちは上半身にかなり力が入っていたが、シーズン終盤にはすでに三番。そこで松井が大物なのは、ちっとも天狗にならなかったことだ。

ふつう、高校を出ていきなり何千万も契約金をもらえば、金銭感覚が狂うものだ。そこへもってきて、一年目から実績を残せば、なにか浮ついた気分にもなろうというものだ。ところが松井は、一年目より二年目、そして三年目と謙虚に練習を積み、着実にスターへの道を歩んでいた。ほかには仁志、清水隆行といったあたりも、新人時代から目立っていた選手だ。僕の背番号15を引き継いだルーキー辻内崇伸には、なんとか頑張ってほしいものだ。プロの世界は競争が激しく、高校卒といえども三、四年芽が出なければクビになる。プロに入ったところで夢が達成できたわけではなく、そこからが勝負なのだ。世間ではいまだに、一流企業に入社すればひと安心、という風潮が残っているが、これからの時代、どうなるかわからない。入社することではなく、入ってからが勝負なのだ。

藤田監督時代の一九八三年、セ・リーグで優勝しながら、日本シリーズでは僕が西本にしつこくシュートを要求して、西武に敗れた。翌年からは、王さんが監督になった。ソフトバンクの監督を務めるいま、ものすごく丸くなっているが、われわれの現役時代は、それはもう厳しかった。ミーティングでは、名指しでボロカスにいわれる。長嶋さんや藤田さんの時代にはいわれなかったようなことまで、かなり辛辣なのである。ランナーの生還を許した場面では、「なぜブロックできなかったんだ?」。こちらにも、言い分がある。送球がハーフバウンドできているときに、ベースを空けるな……といわれたって無理というものだ。だけど、それを口にすると「言い訳するな」。僕にしても、多少は実績を積み上げ、自負もあるから、内心ではおもしろくなかったものだ。だけどそこはそれ、僕は怒られることは慣れっこだ。王さんが五年監督を務めたあとは、また藤田さんが戻ってくるのだが、三者三様、野手型とピッチャー型のどちらの監督のもとでもプレーしたのは、大いに勉強になった。

チーム活性化のススメ

キャッチャーは、首脳陣と現場の橋渡し役だ。守備のときは、ベンチの意向をフィールド上に伝えるポジションだし、ピッチャーをリードするという立場上、ほかの選手よりもチーム事情に詳しくもなってくる。いってみれば、中間管理職のような位置づけか。だからといって、つねに監督やコーチの思惑通りに動けばいいとは限らない。ベンチにいてはわからない、グラウンドの空気というものがあるからだ。

たとえば対戦相手のデータは、控え選手まで完璧に頭に入っている。これは、プロのキャッチャーの最低限の心得だろう。ただし、あまりにもデータに頼りきってしまうのも考えものだ。ピッチャーの調子のよしあしもあるし、前回アウトにとったタマが今回も通じるとは限らない。バッターにしても、たとえばカーブが苦手ならむしろ、カーブにどう対応するかを考えているはずだ。そこに注文通りカーブを投げては、飛んで火にいる……で

SEIKO
祝
リーグ優勝
讀賣巨人軍
GIANTS
パイオニア
月星シューズ
ブリヂストン
TDK
1983

２年ぶり23回目のセ・リーグ優勝を果たした1983年。日本シリーズでは西武に敗れたが，その試合内容から「史上最高の日本シリーズ」といわれている

ある。打者との駆け引きは囲碁や将棋と同じで、要は相手があること。一球ごと、一手ごとに状況はつねに変わるし、あまりデータに縛られると、相手が別の手を打ってきたときに対応できなくなってしまう。それよりも、場の空気や自分の感性を大事にしたい。

一度、こんなことがあった。江川が投げていて試合の終盤で二死二塁、打席に入っている右打者は、引っ張りにかかっているのがミエミエだった。ベンチからはショートに、三遊間を締めろ、つまり三塁よりに守れという指示が出た。むろん、ベンチと僕は同じ情報を共有している。データ上、引っ張り傾向の強い打者だったから、それもまあうなずける指示ではあった。だが、このときの江川はまだストレートが走っていた。データはともかく、僕としては、引っ張りきれないという確信があった。

そこでショートを守る岡崎には、ベンチの指示は無視して二塁ベースに寄れ、と指示を出した。だが、岡崎はまだ若い。迷いながらベンチの指示通り三遊間を締めて守ったのである。まったく、若いからしょうがないか……と江川にストレートのサインを出し、打者がスイングした。打球は案の定、ボテボテながら、二遊間を抜けていく。ランナー生還だ。もし僕の指示のように二塁に寄っていたら、楽々捕れたコースである。ベテランの野手であれば、ベンチの声が聞こえないふりをする図太さがあるが、若手はまだそこが甘い。ベンチの指示通りやっていれば、自分が責任を問われることがないからだ。結局これが、決勝点になった。

　ベンチからの指示は、どうしてもデータが根拠になりがちだ。だがグラウンドにいると、データとはまた違った、つまりベンチにいるのとは違った空気を感じることがある。あまりにもデータ重視が怖いのは、こういう場合があるからなのだ。データはあくまでデータ。一年を通して見た場合、確率的にその傾向があるというだけで、目の前のその一球がその傾向に当てはまるとは限らない。おまけに野球には、流れとかツキ、科学的には説明できないものもあるし、偶然の支配する率も高い。つまり、データにこだわりすぎてもダメで、現場でいかに臨機応変な対応ができるか。そこが、キャッチャーの腕である。

　ビジネスだって、その現場で対応しなければならないシーンは多く出てくるはずだ。早い判断が求められているときに現場の責任で対応できず、いちいち上の判断を仰いでいるようでは、ビッグチャンスを逃してしまうだろうし、相手にも決していい心証は与えない。また将棋にたとえれば、僕の高校時代の阪口監督はこういっていたものだ。「オレが将棋の差し手で、オマエらは駒なんだ。その役目通り、オレの思うように動け」。高校生なら、それでいいだろう。まだ自我が確立していないし、知恵も経験も貧弱だから、イエスマンでいい。だけど、プロ野球選手や社会人がそれでは、心許ない。自分は駒ではなく、差し手にならなければいけないだろう。

プロ野球のチームでも、イエスマンだけではダメだ。監督はどうしても、自分とウマの合う人間をコーチにしたがる。コーチのほうは、目をかけてもらっているという恩義があるから、どうしても監督にノーとはいいにくいものだ。いまの原監督のスタッフを見ていても、なんとなくそういうムードはある。ただ、原監督がえらいと思うのは、一度監督を辞めたときに、当時のスタッフの全員に、次の就職先を世話していたところ。あのあたりが、大牟田出身の親分肌だ。

たとえばいま、清水を代打で使うケースが多い。確かに守備面では、肩がいいとはいいがたく、ランナーを出したときに、バッテリーが神経をすり減らすのはわかる。清原が巨人にいたときは、あの守備範囲の狭さから、バッテリーはなるべくファーストに打たせないよう、知恵を絞ったものだ。

ただ清水の場合は、バッティングが持ち味だ。しかも、四回打席に立って力を発揮するタイプで、決して代打向きじゃない。そのあたりを、コーチが助言すべきではないか。監督、こうしましょう……というコーチの助言があるほうが、チームは強い気がする。おそらく、バレンタイン監督のロッテなどはそうなのではないか。監督が知らないことをコーチに頼るから、チームがうまく回転していくのだ。

あとがき

二〇〇六年の四月から、福岡に単身赴任し、読売新聞西部本社のスポーツアドバイザーを務めている。プロ野球解説のほか、九州各地の野球教室で子どもたちを指導したり、さまざまなイベントに出席するのが仕事である。社内には自分のデスクがあるから、これといった急ぎの仕事がなくても、毎日出社するという気分を、五十歳を過ぎて初めて味わっている。

もともと両親は筑豊の出身だが、僕自身は名古屋の育ちだ。そして早稲田大学に進んで以来、プロ入りしてからも引退後も、生活の拠点は東京。長年慣れ親しんだ町を離れるのは、少しばかり迷った。身の回りの細かいことはすべて女房にまかせっぱなしだったし、友人たちや、行きつけの店の飲み仲間とめったに会えないのも寂しい。だが、現役を退いて十五年以上。外側から野球を見ていると、あらためてその奥深さに気がつき、もっと野球を勉強したいという気持ちが強くなっていた。また、野球教室で指導することは、子どもたちに野球の魅力を伝え、底辺を拡大することにもつながるだろう。それは自分を育ててくれた野球界への恩返しとなり、そして健全な少年育成の一助にもなると考え、スポーツアドバイザーという立場を引き受けさせていただいた。

通勤は、たいてい歩きである。一人住まいのマンションから新聞社まで、大濠公園のお堀端を歩く。その十分ほどの道のりは、考えごとをするのにちょうどいい。いつも頭に浮かぶのは、野球というスポーツのチームと、会社という組織の共通点だ。成功するには、一人だけ突出した人間がいてもダメで、チームの一人ひとりがそれぞれの役割を果たすことが求められる。もちろん各自は、自らの役割を、水準以上のレベルで達成しなければならない。目ざすものに対して共通理解を持ちながら、瞬時の判断を求められれば、自己の責任で適切な対応をする。コミュニケーションを密にしつつ、成功を収めるためにときには意見をぶつけ合う。つねに向上心を持ち、周到に準備し、研究し、切磋琢磨を怠らない――。

たとえば、各チームの四番打者が集まっても勝てるわけじゃない。サッカーでいえば、いくら点取り屋がいても、そこにパスが出なければ得点にはならないだろう。実力者をヘッドハンティングし、登用するのはいいが、それはコツコツと努力してきた生え抜きのやる気を奪いかねないことを知るべきだ。むしろ、失敗をおそれずに若手にチャンスを与え、経験を積ませるチームがしたたかさを備えることもある。チームというのは、単なる各自の力の足し算だけでは成立しないのである。こうして考えてみると、強いチームの条件はそのまま、成功する企業にも当てはまる。

僕は、キャッチャーというポジションに愛着を持っている。グラウンドにいる九人のうち、一人だけ別方向からフィールドを眺める立場だ。だからだろうか、ほかの八つのポジションにはないものの見方や考え方が、自然に身についてきた。投球の組み立て、野手から信頼される方法、自分を犠牲にする精神、情報収集と分析の能力、相手の考えを読む感性、瞬間的な決断力……むろん、身体能力もある。あるとき、やはりお堀端を歩きながら、ふと気がついた。そういうキャッチャーの資質は、会社人としても求められるものではないか——。

それからは、単身赴任をさいわい、毎日コツコツと、頭に思い浮かぶことを書きためていった。かつて「新潮45」という雑誌に連載した自分の野球論をベースに、大幅に加筆していくという方法だ。そしてときには中洲の誘惑に負けながらも、どうにかまとまったのがこの本である。タイトルは、すでに頭のなかで固まっていた。「捕手型人間は出世する」——キャッチャーに求められる資質と、ビジネスの現場でのそれが共通しているのではないか、という発想だ。

むろん僕には、会社勤めの経験はないし、企業のことをえらそうに語る資格はない。だから、「捕手型人間は出世する」といいながら、文中に出てくるのは野球の話がほとんどだし、たとえビジネスに筆が向いても、押しつけがましいいい方は避けたつもりだ。それでも、強い組織というのはなにかしらの共通項がある。たとえば監督＝上司、試合＝商談などと、文中の野球用語に企業の言葉を代入すれば、計算式の解が見えてくると思う。

捕手型思考のススメが、野球好きな方に楽しんでいただくだけではなく、ビジネスマンにとってなにかのヒントになれば、こんなにうれしいことはない。

二〇〇六年七月

山倉和博

山倉和博（やまくら・かずひろ）
1955年，福岡県田川市生まれ。東邦高校入学後，1973年には春夏連続で甲子園に出場。同年のドラフトで南海から２位指名を受けるが，早稲田大学に進学。1978年，ドラフト１位で巨人に入団。1980年から８シーズン連続で100試合以上に出場。1987年，シーズンＭＶＰを獲得。1990年に引退し，1993－1998年には巨人軍のバッテリーコーチを務めた。現在は読売新聞西部本社のスポーツアドバイザーとして，野球解説のほか少年野球教室での指導など多方面で活動している。

捕《ほ》手《しゅ》型《がた》人《にん》間《げん》は出世《しゅつせ》する

■

2006年９月１日　第１刷発行

■

著者　山倉和博

構成　楊　順行

企画　株式会社アイコミュニケーション

発行者　西　俊明

発行所　有限会社海鳥社

〒810-0074　福岡市中央区大手門３丁目６番13号

電話092(771)0132　FAX092(771)2546

印刷・製本　モリモト印刷株式会社

ISBN 4-87415-595-2

http://www.kaichosha-f.co.jp

［定価は表紙カバーに表示］